Von seinen zahlreichen Reisen durch Afghanistan hat Roger Willemsen Hunderte von Kinderzeichnungen, Aufsätzen und Briefen mitgebracht – bewegende Dokumente junger Menschen, deren Alltag der Krieg ist. Bei seiner letzten Reise, die ihn im Herbst 2012 von Kabul bis ins Panschir-Tal führte, hat Willemsen einige dieser Kinder besucht. Sein großer Bericht dieser Reise zeichnet zusammen mit den Bildern und Texten der Kinder ein genaues und oft überraschendes Bild vom Leben in Afghanistan – nicht nur seiner düsteren, sondern auch seiner glücklichen Momente. Es ist das Leben, das bleibt, wenn die internationalen Truppen das Land verlassen.

»So empfindlich ich bin, wenn man mit Kindern versucht, Mitleid zu erregen, so konnte ich doch nur kapitulieren vor der Lebensklugheit und Reife, der Liebenswürdigkeit und Vitalität dieser Kinder.« *Roger Willemsen*

Roger Willemsen veröffentlichte sein erstes Buch 1984 und arbeitete danach als Dozent, Übersetzer und Korrespondent aus London, ab 1991 auch als Moderator, Regisseur und Produzent fürs Fernsehen. Er erhielt u. a. den Bayerischen Fernsehpreis und den Adolf-Grimme-Preis in Gold, für seine Bücher den Rinke- und den Julius-Campe-Preis, zuletzt den Prix Pantheon-Sonderpreis. Willemsen ist Honorarprofessor für Literaturwissenschaft an der Humboldt-Universität in Berlin, Schirmherr des Afghanischen Frauenvereins und steht mit zahlreichen Soloprogrammen auf der Bühne. Seine Bestseller ›Deutschlandreise‹, ›Gute Tage‹, ›Afghanische Reise‹, ›Kleine Lichter‹, ›Der Knacks‹, ›Bangkok Noir‹, ›Die Enden der Welt‹, ›Momentum‹ und ›Das Hohe Haus‹ erschienen im S. Fischer Verlag und im Fischer Taschenbuch Verlag. Sie wurden in viele Sprachen übersetzt.

Weitere Informationen, auch zu E-Book-Ausgaben, finden Sie bei www.fischerverlage.de

Roger Willemsen

Es war einmal *oder nicht*

Afghanische Kinder und ihre Welt

FISCHER Taschenbuch

MIX
Papier aus verantwortungsvollen Quellen
FSC® C006701

Erschienen bei FISCHER Taschenbuch
Frankfurt am Main, April 2015

Satz: Fotosatz Amann, Memmingen
Druck und Bindung: CPI books GmbH, Leck
Printed in Germany
ISBN 978-3-596-19809-2

»Es war einmal oder nicht.« So beginnen die Märchen Afghanistans. Sie klingen, als könnten sie ihr Glück nicht glauben, das Glück der Erzählung. Uns kommt solch ein Zweifel vielleicht ein wenig rational vor, finden wir ihn über dem Eingang in die Welt der Märchen. Aber in Afghanistan wird die Übertreibung, die Liebe zur Beschönigung, zur Ausschmückung, zum Eigenlob, »Laaf« genannt und wie eine Nationalkrankheit behandelt. So klingt in diesem Land, das die Vergangenheit so oft als ein trügerisches Idyll beschworen hat, auch der Zweifel an dem glücklichen »Es war einmal« berechtigt – oder nicht?

In unserem Kulturraum dagegen stellen wir den Zweifel ans Ende der Märchen, wo wir über ihre Figuren sagen: »Und wenn sie nicht gestorben sind, dann leben sie noch heute.« Wider besseres Wissen halten wir an der Möglichkeit fest, dass sie nicht gestorben sein könnten. Afghanische Kinder dagegen assoziieren anders. In ihrem Leben sind die Gestorbenen allgegenwärtig. Man findet kein Kind, das nicht in den Kriegshandlungen aus dreißig Jahren seine eigenen Verluste erlebt, Familienangehörige, Freunde, Mentoren verloren oder dem Sterben anderer zugesehen hätte. Unsere Einfühlungsmöglichkeiten kapitulieren vor diesen Geschichten. Sie kapitulieren oft auch vor den Gesichtern dieser Kinder, der Zeichnung, die sie erfuhren. Man kann, was sie denken, wollen, sagen, malen, schreiben, erfinden, lieben, träumen, hoffen, was sie ängstigt und was sie im Kino suchen, niemals von dem Eindruck lösen, den der Krieg in ihnen hinterließ. Dies ist das Scharnier, in dem sich alle anderen Erfahrungen drehen, und so hat auch das Erzählen in den letzten Jahrzehnten seine Themen verändert und seine Bedeutung.

Ursprünglich wurden die Märchen nicht fixiert, sie wanderten und wandelten sich in der mündlichen Überlieferung. Oft handelten sie von tapferen Prinzen und schönen Königstöchtern, von Drachen, Feen, Djinnen, Zauberern und Riesen, von bösen, gerissenen Gestalten, ungerechten Machthabern oder klugen Wesiren, von der Opferbereitschaft wahrer Liebender, von stolzen, treuen Frauen und beherzten Männern, von den heroischen Taten der Helden im Krieg. Um der Liebe willen oder um ihr Ziel zu erreichen, müssen sie Berge, Täler, Wüsten und Steppen überqueren, um unter Gefahr und Strapazen magische Gegenstände zu erlangen wie lachende Pistazien, weinende Granatäpfel, freundliche Blumen und Zauberspiegel. Wenn man in den dunklen Wintermonaten in einer Runde am warmen Ofen saß, wo diese Geschichten erzählt wurden, dann wiederholten nicht allein die Kinder einzelne Schlüsselsätze und Reizwörter und gestikulierten dazu, wie es die Helden der Geschichten getan haben mussten, auch die erwachsenen Zuhörer vereinigten sich unter einem Bann des Erzählens, der sich andernorts längst zerstreut hat.

Die alten Märchen tragen Titel wie »Der Prinz mit den Granatapfelkernzähnen«, »Der Junge mit dem Schafsmagen auf dem Kopf«, »Das Topfkind« oder »Das hölzerne Mädchen«. Sie klingen mitunter so zart wie die Hans-Christian Andersens, so derb wie die der Brüder Grimm, so unheimlich wie die Wilhelm Hauffs, aber die Angstlust, die sie wecken, fällt hier und heute auf einen anderen Boden. Die Erzähltraditionen der Märchen sind abgebrochen, die elterlichen Geschichten aus dem Krieg haben sie ebenso verdrängt, wie es die »Daily Soaps« aus dem Fernsehen getan haben, und ähnlich weicht in der medialen Welt auch die traditionelle Musik Afghanistans einer Fernseh-Castingshow nach internationalem Zuschnitt namens »Afghan Star«. Beide Zeiten sind gleichzeitig da und gleich verbindlich, die tradierte alte und die eben eingetroffene aus der internationalen Welt. Was fehlt, sind Übergänge.

Diese Entwicklung ist symptomatisch und hat nicht nur mit Afghanistan zu tun. Hier ist ein Land, das nach drei Jahrzehnten Krieg die Frage beantworten muss, was man mit dem Frieden anfangen, wie man jene immaterielle Kultur begründen soll, die mit dem Trösten und Trauern, dem Lieben und Spielen und all dem zu tun hat, was zwischen Menschen hin und her geht und nicht primär zweckgebunden ist. In Afghanistan lässt sich in dieser Zeit auf eine bedrückende, traurig repräsentative Weise studieren, wie sich eine Kultur herausbildet, formt und organisiert, nachdem sie im materiellen Sinn großräumig zerstört wurde.

Zur Kultur in diesem Sinne gehört auch das Kinder-

spiel. Für uns ist es selbstverständlich geworden, im homo ludens das Urbild des Kulturwesens Mensch zu erkennen. In Afghanistan ist der spielende Mensch König in einem untergegangenen Reich. Als ich auf dem Lande Kinder nach ihrer Freizeitbeschäftigung fragte, wussten sie manchmal nicht genau, was das sein sollte, und nannten das »Tiere-Hüten« oder das »Nähen« als ihr Spiel. Es hatte sich im Bewusstsein dieser Kinder nicht als etwas Selbstverständliches durchgesetzt, dass man seine Lebensfreude im scheinbar Sinnlosen entfalten kann.

Da die Kinder aber in den Innenräumen der Häuser meist der fraglosen Autorität der Alten unterworfen, und das heißt auch in ihrer Selbstentfaltung eingeschränkt sind, liegt ihr Freiraum in den Hinterhöfen und Gärten, meist außerhalb, auf den Feldern, den Straßen, in der Natur, an den Wasserläufen und auf den Lagerplätzen für Kriegsschrott. Hier kann man ihnen, die man sonst oft brütend, betrachtend und gedankenverloren erlebt, wirklich in unbändiger Spiel- und Daseinsfreude begegnen.

Beliebt bei den Mädchen sind Spiele, in denen Musik, das Tanzen und Klatschen eine Rolle spielen. Am weitesten verbreitet ist bei den Jungen immerhin wieder das Gudi paran bazi, das Drachensteigenlassen. Allen Verboten der Taliban zum Trotz: Legendär ist es geblieben in Afghanistan. In einem Mörser wurde erst Glas zerstoßen, dann der Faden, an dem das Gestell aus Holzleisten und Papier befestigt ist, in Klebstoff gewendet, anschließend durch die Glassplitter gezogen. Dann entlässt man den Drachen in die Luft und versucht, mit dem scharfen Faden die Flugobjekte der Mitstreiter loszuschneiden. Anschließend muss das so erbeutete, frei trudelnde Trapez als Trophäe eingefangen werden.

Je höher man den Drachen fliegen lässt, umso schöner ist es. Früher stiegen sie auch von den Lehmdächern aus auf, wo man die Weintrauben, Aprikosen, Tomaten und Auberginen trocknete. Einmal im Jahr wurden diese Dächer mit Stroh und Erde isoliert. Hier trafen sich heimlich die Liebenden, oder sie verständigten sich über die Entfernung mit versteckten Zeichen. Und die Kinder, die hier mit ihren Drachen spielten, folgten der Schnur, sprangen von Dach zu Dach, fielen auch manchmal zwischen die Häuser. Es war eine Gegenwelt, die Welt der Dächer.

Vor allem in den heißen Sommermonaten spielt sich das Leben oft auf den Dächern ab. Die Familien können wegen der Hitze kaum schlafen, suchen die kühle Brise, Frauen hängen ihre Wäsche zum Trocknen oder färben Stoffe, legen sie in die Sonne. Auch Obst und Gemüse werden ausgebreitet, und wenn ein Nachbar feiert oder Frauen nicht gesehen werden wollen, dann kann man sie von hier aus beobachten, und wo verstecken sich die Kinder, die etwas angestellt haben? Auf den Dächern.

Und auch das gab es: die Geburt der Phantasie in der Verweigerung, die »Resistance« im Kinderspiel: Das Gudi paran bazi war zwar lange verboten, die Drachen aber ließen sich nicht kleinkriegen. Manchmal banden die Kinder sie einfach irgendwo fest, damit sie herrenlos über den Himmel tanzen konnten. Und wirklich, auch heute sind meist irgendwo die bunten Trapeze in der Luft.

Der Viertklässler Said Abdulkhalil schickte mir einmal

einen selbstgemachten Drachen zusammen mit einem Text, den er »Meine Lebensgeschichte« betitelt hatte. Er las sich: »Ich verlor meinen Vater, als die Russen Afghanistan brutal bombardierten. Im Alter von drei Monaten bin ich in den Armen meiner Mutter Waise geworden. Ihren Erzählungen zufolge hatten wir ein schwarzes Leben. Im Alter von sechs Jahren brachte sie mich zur Schule, inzwischen gehe ich in die vierte Klasse. Während der Feiertage fahren einige meiner Klassenkameraden zum Vergnügen in andere Orte, aber weil wir arm sind, kann ich nicht mitfahren. Ich habe keine Spielsachen und muss für die Ernährung der Familie sorgen. So bin ich gezwungen, aus Plastik Drachen zu bauen. Dank einiger meiner Freunde, die mir das Geld für das Plastik und das Holz geben, kann ich meine Drachen bauen und auch verkaufen. Vom Erlös bezahle ich dann die nötigsten Schulsachen. Dies ist meine Lebensgeschichte, begleitet von einem Drachen, den ich Ihnen schenke. Mit Respekt, Said Abdulkhalil.«

Der Krieg ist nicht allein in den Spielsachen, er ist im Handwerk, im Schmuck der Gebrauchsgegenstände allgegenwärtig. Ob im Ziegenhaarzelt, in der Jurte, im Lehmhaus, überall finden sich Knüpfteppiche, Kelims, Filzteppiche, Stickereien und Webarbeiten voller kriegerischer Motive wie Raketen, Bomben, Panzer, Hubschrauber und Kämpfende. Das Projektil der Kalaschnikow findet sich eingewebt in Taschen, Beutel, Tücher, Satteldecken und Kissen, um immer wieder an die Grausamkeit des Krieges und den Heroismus der Kämpfenden zu erinnern.

Die Kinder stellen außerdem selbst Kriegsspielzeug aus Holz, Draht, Blech her, basteln Spiel-Kalaschnikows. Die Taliban hatten auch sie verboten, ebenso wie die kindlichen Darstellungen der Kriegserfahrungen in Bunt- oder Filzstift, die Bilderträume vom besseren Leben. Zeichnungen auf Papier aus jener Zeit sind also selten, erst relativ spät sind sie wieder, meist angeregt durch westliche Förderung, entstanden. Zuvor fand man eher Ritzarbeiten auf Holz, gemalte Darstellungen an Außenwänden, unseren Graffiti nicht unähnlich. Natürlich hatte es vor den Taliban in Afghanistan Malerei gegeben, unter ihrer Herrschaft aber durften Schülerinnen mancherorts nur Blumen und Landschaften malen, aber keine Menschen und Tiere. Die therapeutische Bedeutung der Malerei für ihr Leben, als Bearbeitung von Traumata, als Objektivierung des Verdrängten, haben die Kinder erst spät erfahren.

Während das Drachensteigenlassen auch von den halbwüchsigen Jungen und Männern praktiziert wird, ist das Arabe bazi, das Reifenspiel, dagegen ganz den kleinen Kindern vorbehalten. Sie treiben einen gehärteten Gummireifen vor sich her, beschleunigen ihn immer wieder mit Hilfe eines Eisenhakens, und lassen ihn zwischendurch über den Boden tanzen.

Verbreitet ist das Spielen mit Puppen. Zwar gibt es für die Mädchen die Flickenpuppen mit ihren bunten Kleidchen, den groß und ausdrucksvoll gestickten Augen, dem wallenden schwarzen Haar aus Wollfäden. In einem so kinderreichen Land aber, das die Verantwortung für die Kleinsten so rasch in die Hände der Kleinen legt, spielt man eher mit lebenden Puppen. Kaum der Wiege entwachsen, werden die kleinen Geschwister den wenig älteren Mädchen anvertraut. Diese finden sich also plötzlich in der Mutterrolle, füllen sie »spielend« aus und gelangen so allmählich in die Arbeitswelt der Eltern.

Angesichts der Autorität der Alten, des uneingeschränkten Respekts, den sie genießen, wachsen afghanische Kinder in eine Welt hinein, in der sie zunächst ihre Interessen zurückzustellen und sie dem Familien-, wenn nicht dem Gemeinwohl unterzuordnen haben. In der Nahrungskette stehen sie hinter den Alten und den Gästen. Sie mischen sich in keine Unterhaltung Erwachsener ein und genießen ihre Freiheit nur außerhalb der vier Wände ihres Zuhauses.

Meist bleibt den Kindern deshalb auch nicht viel Zeit zum Spielen. Kaum herangewachsen, unterstützen sie die Eltern bei der Feldarbeit, in den Geschäften, auf dem Basar oder auf der Straße, die Mädchen helfen vor allem im Haushalt, bei den Textilarbeiten, beim Teppichknüpfen. Ladenbesitzer verpflichten Jungen zum Transport der Ware, zum Teekochen, Verpacken, zu Botengängen und zum Saubermachen. So lernen schon die Kleinen früh, Funktionen zu erfüllen und die Verantwortung zu schultern.

Nur selten sieht man sie im Gespräch mit Erwachsenen. So umsorgt, wie es in westlichen Familien üblich ist, werden sie seltener, unterstehen sie doch vor allem der Autorität der Älteren. Häufig dagegen erkennt man in den Kleinen geduldige Beobachter, die stundenlang stumm zusehen können, wie sich die Welt um sie bewegt. Sie sind Augenzeugen – der Bombardierungen, Unfälle, Attentate,

der Schwerstarbeit der Mütter, des Drogenkonsums der Väter. Davon erzählen, das malen sie.

Dass man ihre Perspektive auf diese Welt ernst nehmen könnte, ist ihnen neu und manchmal ein wenig unheimlich. So eröffnet manches Kinderspiel den Kleinen schlicht einen eigenen Lebensraum. Natürlich sind die Autowracks und die ausgebrannten Panzer der Sowjets beliebte Spielplätze, aber manchen Ort statten die Kinder auch ganz allein aus: Aus Lehm und altem Papier werden kleine Häuser und Spielzeuge gebaut, aus Stoffresten Puppen und Bälle gefertigt, aus Glasperlen Lampen, Taschen und Ketten gebastelt. Auch Cola-Dosen, alte Autoreifen, Tierknochen, Drahtreste und Holz lassen sich zu Spielzeugen verarbeiten. Ein kleiner Hügel wird zur Rutsche und mit Wasser übergossen, damit man schneller hinunter kommt. Im Winter produzieren die Kinder ihre eigene Eiscreme, sofern sie nur Kuhmilch und Zucker auftreiben können.

Man spielt Murmeln mit kleinen Steinen, spielt Hüpfspiele, Ballspiele, Seilspringen, Tauziehen, Kelick Danda (eine Art Hockey mit zwei Stöcken), Ghursei (ein Spiel, bei dem zwei Jungen auf jeweils einem Bein hüpfend versuchen, sich wechselseitig aus dem Gleichgewicht zu bringen). Wenn die Erwachsenen mit den Kindern während der langen dunklen Wintermonate am Ofen sitzen, unterhalten sie sich mit Rätselspielen, zum Beispiel: »Was läuft den ganzen Tag mit geschlossenem Mund herum und steht abends mit offenem Mund?« Antwort: »Die Schuhe.«

Das Kinderspielzeug aber, das aus Pakistan und China importiert wird, besteht vor allem aus Plastikwaffen, die

پولیس
مکتب
اداره
مکتب
پولیس

akustische Signale abgeben und einen Laserstrahl verschießen können. Hier handelt es sich im Wesentlichen um Kriegsspielzeug, mit dem die kleinen Jungen im freien Feld und in den Ruinen, sogar vor Kinoleinwänden das Gesehene nachstellen. Ich habe Derartiges verschiedentlich in den Kinos von Kabul und Kunduz beobachtet, wo kleine Jungen die Kampfhandlungen oder das Erscheinen von Frauen auf der Leinwand mit Salven von Laserfeuer beantworteten.

Am stärksten wirkten solche Reflexe immer gegenüber der Gewalt und dem Eros. Über das Innenleben der Kinder verraten sie nichts Genaues, werden doch so allenfalls Impulse frei. Deshalb habe ich in den letzten sieben Jahren, gemeinsam mit den Mitarbeiterinnen des Afghanischen Frauenvereins e. V., den Kindern Schreib- und Malaufgaben gestellt. Geradezu begierig begannen sie nun, ihr Leben und ihre Vorstellung von unserem Leben, ihre Begegnung mit dem Krieg, ihren Alltag, ihre familiäre Situation, ihre Ideale zu schildern, um ihrem Blick auf die Welt eigenen Ausdruck zu verleihen.

Manchmal haben sie dabei die eigene Welt und die unsere gespiegelt und sie auf den zwei Hälften eines Blattes einander gegenübergestellt. Ein andermal haben sie, so detailliert sie konnten, erinnerte Szenen geradezu objektiviert, um nicht mehr von ihnen besetzt zu sein. Dann wieder haben sie freie Räume der Phantasie ausgemalt, in denen die Proportionen verschoben waren und die florale Ornamentik überbordend wucherte. Schließlich haben sie die geretteten Idyllen der Kinderspiele und Picknicks, der häuslichen Szenen und des Schulalltags ausgemalt.

Dort scheint der Krieg fern. Unvergesslich die Konzentration in den Gesichtern, als sich die Kinder über ihre Arbeiten beugten, geleitet von inneren Bildern und manchmal mit der Zunge zwischen den Lippen die einzig richtige Form suchend.

Um einige der Zeichnerinnen und Briefeschreiber wiederzusehen, anderen erstmalig zu begegnen und sie auch in ihrem Schulunterricht zu erleben, machte ich mich im Herbst 2012 zum dritten Mal auf, um das zivile Afghanistan zu bereisen. Es sei zu unsicher, hieß es. Kabul dürfte ich wohl kaum verlassen. Doch wünschte ich mir, Schulklassen zu besuchen, ins Pandschir-Tal zu reisen, vielleicht bis zum Grab des legendären Führers der Nord-Allianz Massoud.

»Die Sicherheitslage«, hieß es schulterzuckend. Flug und Hotel wurden storniert. Selbstmordattentäter in Kabul, die »Frühjahrsoffensive der Taliban« drohe. »Die Sicherheitslage«, hieß es Monate später, kurz vor dem nächsten Versuch. Ohne weitere Erklärung. Mein Visum verfiel, US-Soldaten hatten den Koran verbrannt. Aufstände gegen Ausländer waren zu befürchten. »Die Sicherheitslage« ist der Grund dafür, dass westliche Politiker in Kabul ihre Hotelzimmer nur verlassen, um im gepanzerten Wagen in ein Ministerium zu fahren und wieder zurück, ohne je das nicht-militärische Afghanistan berührt zu haben. »Die Sicherheitslage« ist der Grund dafür, dass sich die prominenten Truppen-Unterhalter aus dem Showgeschäft mit einer Besichtigung des Landes unter Bundeswehr-Perspektive begnügen. Afghanistan wird dabei unsichtbar.

Das zivile Land bindet kein Interesse mehr. Ungestört aber lässt sich in einem Land Krieg nur führen, wenn die Anschauung fehlt.

Doch dann erlebe ich ihn doch wieder, den Anflug auf Kabul: Eiswüsten gehen in Wüsten über. Scharfkantige Felsgiebel erheben sich über der zusammengeschobenen Gesteinsmasse. In der gefrorenen Bewegung entstehen theatralische Zerklüftungen, abweisende Hochgebirgsszenerien, zwischen denen sich die Geröllfelder dehnen wie Streu aus geschreddertem Fels. Der Mensch in dieser Landschaft kommt dem Betrachter wie ein Irrtum vor.

Aber er ist Bauer und Krieger, Händler und Held, er spielt und lässt Drachen steigen, er singt und er dichtet, und vor allem wehrt er seit altersher Eroberer, Feinde und Besatzer ab. Er kämpft, denn er muss, und wenn nach Einbruch der Dunkelheit die Familien und Nachbarn, die Ältesten oder die Frauen zusammensitzen, dann sind sofort die Geschichten da, die von der großen Vergangenheit handeln, der Uneinnehmbarkeit des Landes und dem Stolz seiner Stämme, oder von den glücklichen Zeiten des Friedens, als im Babur-Park die Liebenden auf den Wiesen lagen, als man ins Kino ging oder zum Buskaschi, dem legendären Reiter-Wettstreit, als sich die Familien auf den Dächern trafen, wo gesungen und Lyrik rezitiert wurde, als es die afghanische Musik noch gab, die aus den Häusern in die Gassen drang, als die wandernden Balladensänger und Geschichtenerzähler noch zu Hochzeiten und hohen Familienfesten engagiert wurden. Und manchmal rezitieren sie selbst die Zeilen, die der Dichter Ghamchoor schrieb, der lange im pakistanischen Exil lebte und dessen sehnsuchts-

volles Lied des Heimwehs, geschrieben zur Zeit der Besetzung durch die Russen, mit den Versen beginnt:

Süßer Ostwind,
sende Grüße an meine Heimat.
Den verletzten Nachtigallen im Garten
sende meine Grüße.

Küsse den Boden meiner Heimat,
küsse die Schritte der Freiheitskämpfer.
Der Wüste, die von Blut rot gefärbt,
sende meine Grüße.

Dem Gebirge,
dessen Gipfel bis zum Himmel reichen,
dem höchsten Gipfel des Pamir
sende meine Grüße.

Den Tälern,
die vom Blut bewässert und bewacht,
den stolzen Steinen, Bäumen und Büschen
sende meine Grüße.

Lass Deine Augen streifen,
streichle das Dach und die Mauern
des Hauses meiner Geliebten, und
sende meine Grüße.

Den Weinenden,
deren Gefühle verletzt wurden,
auch dem waidwunden Vogel
sende meine Grüße.

Trockne die Tränen der Kinder,
die ihre Väter verloren,
den hunderttausend Gräbern der Märtyrer
sende meine Grüße.

Den jungen Mädchen aus Kabul,
die nur rote Leichenhemden nähen
statt des Brautgewandes,
sende meine Grüße.

Bei der Einreise in die Hochsicherheitszone mit dem Namen Afghanistan wird mein Pass einmal, mein Koffer keinmal kontrolliert. Als ich das Land verlasse, wird mein Pass sieben Mal inspiziert, mein Koffer aber bloß einmal umgerührt werden. Das Durchleuchtungsgerät ist defekt. Die Beamten zucken die Achseln. Mehr Sicherheit ist heute nicht zu haben. Immerhin schwebt zur Luftüberwachung ein Zeppelin über Kabul, und um in mein Hotel zu gelangen, muss ich eine Straßensperre und drei Schleusen am Eingang passieren. Die Wachleute mit ihren frisch gewienerten Gewehren und den unbeholfenen Tätowierungen mit Herz und Pfeil und Sure tragen in ihren Gesichtern ein erloschenes Staunen darüber zur Schau, dass wir noch kommen, noch sind, wie wir sind.

Eine Farce ist die Sicherheit, ein Verkaufsargument für westliche Reisende, die sich, wenn nicht in Sicherheit, dann doch in Security wiegen wollen. Vermehrt aber haben sich nicht nur die Kontrollstationen, sondern auch die Anschläge. Vermehrt haben sich die Konsumangebote auf den Plakaten, nicht der Konsum. Man fährt zwar in eine Stadt ohne Kanalisation, ohne ausreichende medizinische Versorgung, ohne rechte Infrastruktur, doch passiert man dabei die Schneisen der Billboards mit Plakatwerbung für die Polizei, die Regierung, den Präsidenten, für Toupets und Getränke. Die Slogans lauten: »Now in Afghanistan: Pepsi« oder, neben dem Motiv eines Stammesältesten mit künstlichen Zähnen, einem Turban, einem Radio: »For the Rock 'n' Roll in all of us.« Aus den Zeltdörfern gegenüber schwärmen die professionellen Bettler, »Punker« nennt sie der Fahrer, und meine Begleiterin Nadia, eine im Exil lebende Afghanin und Vorsitzende des Afghanischen Frauenvereins, fotografiert einen Abfallhaufen, weil sie in Deutschland eine Frau weiß, die sich für eine Müllverbrennungsanlage in Kabul einsetzen will.

Doch, sie lassen sich vergleichen: Militär und Konsumangebote treten brachial auf. Die humanitären Verbesserungen dagegen vollziehen sich leise und fast unmerklich. Dabei sind die Gewichtungen klar verteilt: In das Vakuum, das der Krieg zurück ließ, sind die Marktführer und die Militärstrategen am rabiatesten eingedrungen. Das Wirken der über zweitausend registrierten Hilfsorganisationen in Afghanistan ist dagegen auf »Projekte« beschränkt. Hier eine Ausbildungsstätte für Hebammen, dort ein Waisenhaus, eine Schneiderei, eine Mädchenschule. Die Strukturen aber sind die gleichen. Sie können offenbar nur vom Markt oder vom Militär verändert werden.

Die Rückkehr nach Afghanistan ist anders als die in jedes andere Land, weil man gleichzeitig dem Frieden bei seiner stockenden Ausbreitung, dem Warenverkehr bei seiner Verästelung, der Stadt bei ihrer Verdichtung zu-

sehen und sagen kann: Ich kannte euch schon, als ihr frisch verloren wart. Und sie werden erwidern: Wir sind es noch. Wo ist der Vogelmarkt heute? Welche Filme werden jetzt gezeigt? Wo sind die Bomber über der Stadt? Schwenken die Panzerrohre noch den Kreisverkehr ab? Halten die alten Bettlerinnen noch Babys in die Abgase, um mehr Mitleid zu stimulieren? Ja, das tun sie. Im Elend steht die Zeit.

Immer treiben auch viele Verletzte durch die baufällige Kulisse des Basars, und manches fein herausgeputzte Kleinkind schaut, mit Augen, die der Kajalstift schwarz gerändert hat, fassungslos in den Wirrwarr. Die Schminke soll den Bösen Blick abwehren und alle anderen Gefahren, die aus den Tiefen dieses Marktes aufsteigen, auch. Immer befinden sich die Kleinsten in der Obhut der Mütter und Schwestern, gestillt werden sie meist bis ins zweite Lebensjahr, werden eingewickelt und geschützt. Gegen den Bösen Blick wird auf die Wiege des Kindes oft auch noch eine Zwiebel, eine Knoblauchzehe und ein Blatt gelegt. Auch soll ein kleiner Türkis an der Kleidung der Kinder Wunder wirken. Eine Mutter, die gerade entbunden hat, soll vierzig Tage lang nicht auf den Friedhof gehen, keine Mahlzeit bei einer Beerdigung zu sich nehmen und das Kleinkind niemals alleine lassen.

Auf den Dörfern kommt es vor, dass sich die Männer, wenn die Mütter die Säuglinge stillen, zu den Frauen setzen, deren Teppiche knüpfen und sich Geschichten erzählen. Manchmal wachen sie auch über die Babys, damit die Mütter ruhiger knüpfen können. Doch weil die Männer mehrere Frauen heiraten dürfen, hinterlassen sie oft auch mehrere Witwen. So werden manche Dörfer maßgeblich von Frauen am Leben gehalten.

Der Fahrer Nabil erzählt von den Provinzen des Südens, wo die Menschen noch nie eine Südfrucht gesehen haben, ja, staunt er, »nicht einmal das Foto einer Südfrucht«. Er erzählt von ein paar japanischen Wissenschaftlern, die ganz verrückt waren nach Afghanistan, alles wussten, sich jeden archäologischen Rest ansahen und dozierten. Er klagt über die Farce der Kasseler »documenta« in Kabul: Für einen Monat bloß habe sie existiert, in einem Park, der Eintritt koste und deshalb für viele Einheimische unerschwinglich sei.

Gehen wir also in diesen, den legendären Babur-Park! Sehen wir uns die Schaukästen an, zwei Alleen lang. Sie sind leer, während die »documenta« in Kassel noch lange läuft. Auch das hat Nabil inzwischen verstanden, dass Afghanistan ein Marketing-Begriff geworden ist, mit dem man Filmen, Kunst-Schauen, ausländischen Schauspielern, Popmusikern oder auch Politikern zur Aufmerksamkeit verhelfen kann.

Unhaltbar, was dieser Park fassen, welches Leid er lindern, welche Staus er lösen soll! Doch die Liebespaare sitzen wirklich auf den Wiesen. Es liegen auch Schlafende im Schatten, und Frauen versammeln sich in Grüppchen zur Zwiesprache. Hier gibt es keine Kontrollen, man hört Musik. Ein kleiner Junge läuft herum mit einem Transistor voller Liebeslieder, und die Männer beobachten die Frauengruppen unter den Bäumen, verschleierte Frauen sind auch darunter. Es gibt Kioske, an denen Früchte verkauft werden, Kartoffelteigtaschen und frisches Wasser.

Kinder spielen in den Wassergräben, Schmetterlinge sind in der Luft, und die Kanonen auf der Anhöhe, vor deren Rohre noch im neunzehnten Jahrhundert die Körper der Feinde gebunden worden waren, liegen heute über bunten Fassaden. Ja, es ist Farbe nach Kabul gekommen. Aus dem monotonen Grau der Felsen schreien die frischgestrichenen Häuser jetzt in Rosa und Grün und Hellblau.

Die Kinder zwischen den Kiosken und in den Küchen sind schon vollwertige Arbeitskräfte und schultern nicht selten die Verantwortung von Erwachsenen. In der afghanischen Gesellschaft gelten Geschlecht und Alter als die wichtigsten Kategorien in der Ordnung des Gemeinwesens. Deshalb streiten auch Frauen und Kinder nicht selten gegen dieselben Autoritäten. Dieser Widerstand aber greift, so befürchten die Strenggläubigen, die islamische Ordnung an. Und nicht nur die. Vor allem entwickelt sich hier ein Einspruch gegen die bestehende Kultur.

Nicht weit vom Babur-Park ist auch der Zoo von Kabul noch intakt. Schon bei meinem letzten Besuch war dies eine leicht verwahrloste Anlage mit wenig Grün, staubigen Erdbuckeln und ein paar zugewachsenen Gehegen gewesen, in denen sich Laufvögel in den Schatten duckten, riesige Uhus die Nacht suchten oder Schildchen mit Piktogrammen verrieten, wer hier gerade abwesend war. In einem Käfig standen damals bloß zwei Holzbetten, auf denen bleiche Knochen lagen. Die Wölfe litten unter Hospitalismus, die Bären gingen pausenlos im Kreis, und an einem anderen Käfig war ein Witz angebracht, auf dem lauter alberne Tiere Faxen machten vor dem im Käfig dösenden Homo sapiens.

Aber es gab auch schon die große Schiffschaukel, einen kleinen Imbissbetrieb, bei dem Männer und Frauen sich wechselseitig belauerten. Es gab sogar Eisbären unter den etwa sechzig hier lebenden Arten und einen Affenfelsen, auf dem die Paviane, vom Besucher getrennt durch einen brackigen Wassergraben, auch nicht sittlicher oder elender agierten als anderswo. Nur verlangsamt erschienen ihre Bewegungen, bedächtiger, und so wirkte auch ihre Exzentrik matter und etwas weniger vital.

Der kleine Junge aber, der uns noch ganz aufgeregt und mitteilungsfreudig entgegenkam, wusste es besser: Vor einer Stunde habe ein Affe den Ausbruch geschafft, erst hatte er ein Kind ins Bein gebissen, anschließend war er über alle Berge getürmt. Der Kleine konnte ihm zuerst noch folgen, dann musste er ihn laufen lassen, es war aussichtslos.

Dieser Junge war randvoll mit Geschichten aus dem Zoo, und während er erzählte, füllten sich seine Augen mit Leben. Nach und nach wurde uns damals bewusst, dass er in diesem Zoo lebte. Er wusste alles, kannte die Biographien der Tiere, besuchte sie wie Freunde, litt ihre Leiden mit. Und die eigenen? Seine Mutter starb bei seiner Geburt, sein Vater wurde von einer Mine zerrissen. Nun ging er zum Schlafen allabendlich zu entfernten Verwandten, sein wahres Leben aber war der Zoo.

Jahre später ist der Kleine nicht mehr zu finden, es fehlen auch ein paar Tiere, die ganze Anlage des Zoos aber wirkt geselliger, lichter. Paare flanieren, die Jungen- und die Mädchengruppen halten keine Sicherheitsabstände mehr ein, und die Tiere in ihren Käfigen bewegen sich

wie wir: von Hochsicherheitstrakt zu Hochsicherheitstrakt. Eben reichen die jungen Männer dem Schimpansen eine Zigarette.

»Nicht!«, ruft ein Junge, aber schon wird der Glimmstängel gierig ergriffen. Die Männer haben den Affen längst süchtig gemacht, er pafft wie ein Alter.

Ich frage zwei Frauen, die vorübergehen:

»Welche Tiere mögt ihr?«

»Die kleinen und die bunten«, sagen sie, lachen mit der Zutraulichkeit junger Frauen auf der Suche nach einem Freier und warten, ob noch etwas kommt. Nein? Dann streben sie lieber zum Riesenrad. Riesig ist es nicht, läuft aber mit einer Geschwindigkeit, als wolle es sich gleich vom Boden erheben. Die Kabinen schaukeln heftig, die Passagiere verkrampfen sich in den Gondeln, jemand ruft nach Allah. Lauter junge Männer sieht man hier im selbstvergessenen Zustand.

Nicht viel später, und wir sitzen in einem Hof mit Blick auf die Straße, zwischen umgekippten Stühlen und Tischen. Durch den Herbstregen dringt Bollywood-Geleier. Dicke Tropfen klatschen auf die Brüstungen, aus den offenen Fenstern dringt ein Essenshauch. Gegenüber steht ein Bett mit Baldachin am Straßenrand. Deprimiert wirken die Rosen und Sträucher mit ihren hängenden Zweigen. Wo also liegt das Eigentliche dieser Stadt, die sich immer noch aus den Kriegszeiten hebt? Was charakterisiert heute die Persönlichkeit dieser Stadt, deren Staub vom Regen gerade niedergerungen wird, der Stadt mit den Schotterstraßen und Abfallkanälen, den gelben Taxen, am Wegrand geführten Tieren, Ziegen und

Schafen vor allem, mit den streunenden Hunden, den Lasteseln, den Humpelnden im Verkehrsfluss, den Wartenden, Hockenden, Betrachtenden, die sich an einem Rondell versammelt haben, weil von hier die Tagelöhner und Gelegenheitsarbeiter verpflichtet werden?

Zu jeder dieser Gestalten gibt es auch eine Vorstellung von dem Innenraum, in dem sie verschwinden wird, und alles spielt sich ab in gemessener Bewegung vor einem graubraunen Szenenbild. Alles kommt in Trauben: Wasserkessel, Zwiebeln, Melonen. Es sind Menschen darunter, die nie mehr aus dem Krieg heraustreten werden und die man anspricht, nur um sie gleich in eine Erzählung über Kampfhandlungen einbiegen zu sehen. Es kann sogar passieren, dass man zwischendurch erschreckt feststellt, wie schön manche Leidensgeschichte die Gesichter geprägt hat, wie ausdrucksvoll alles Mimische wirkt. Man sieht es beklommen. Im selben Augenblick humpelt ein tief verdüsterter Alter über die Straße und leckt ein »Capri«-Eis am Stiel. Dieses Bild gehört zu den Neuankömmlingen in der afghanischen Kultur.

Obwohl sich diese Kultur in den letzten Jahren zunehmend auch im Land selbst entwickelt hat, befindet sie sich doch zu einem guten Teil im Exil. Kultur und Kunst werden innerhalb des Landes kaum gefördert. Zwar gibt es über sechzig lokale, überregionale und internationale Fernsehsender, zweihundert Rundfunkstationen, etwa dreihundert Zeitungen und Zeitschriften und sogar einige private Buchverlage, aber Autoren können ihre Bücher nur auf eigene Kosten verlegen. Zwar werden Filme produziert, doch fast ohne Mittel, und wer malt, sucht seinen Markt im Ausland oder in Botschaften, in Hotels, in der Chicken Street von Kabul oder dort, wo sonst sich ISAF-Soldaten aufhalten. Bisweilen bringen die Künstler ihre Werke auch auf die Militärbasen, weil die dort Stationierten ihre Areale nicht verlassen dürfen.

Für die junge Generation aber besitzt vor allem die Musik Bedeutung. Wer denkt, sie sei immateriell, nur an Luftschwingungen und die Fertigkeit der Musiker gebunden, wird schon in der Hauptstadt eines Besseren belehrt. Zwar dringt hier überall aus Geschäften und Radios auch die Volksmusik des Landes – die in der Verwendung von Vierteltönen das Gebet des Muezzins assoziiert –, zugleich aber ist diese Musik gefährdet: ihre Quellentexte fehlen vielfach, Noten sind kaum zu erwerben, und vollständig lässt sie sich kaum mehr dokumentieren.

Trotzdem gibt es Musikschulen. Es gibt talentierte Kinder, die hier im Rubab- oder Tabla-Spiel unterrichtet werden, und man begegnet diesen Kindern und jungen Erwachsenen noch in manchen Kulturzentren der Stadt. Im Musikleben Kabuls war die Folklore, aber auch die Musik der klassischen Tradition ursprünglich auf ein einziges Stadtviertel konzentriert. In Kharabat, dem legendären Quartier der Musiker, wurden in direkter Nachbarschaft zum Hindu- und Sikh-Viertel wie zum alten Königspalast seit zweihundert Jahren Musiker, Instrumentenbauer, Musiklehrer ausgebildet. Man tauschte sich aus, bewahrte das Bewusstsein für traditionelle Musik und die Dokumente dazu. Musiker, auch Schauspieler und später Künstler verschiedener Ausrichtungen ließen sich hier nieder.

Der Name Kharabat ist zusammengesetzt aus den beiden persischen Wörtern »kharab« – »kaputt«, aber auch »faszinierend« – und »abad« für den Ort des Bleibens und Aufbauens. Früher dienten die hiesigen Tavernen als Treffpunkte für Dichter, Musiker, Tänzer und Philosophen. Poesie über die Schönheit der Geschlechter und den Wein war ebenso erlaubt wie Tanz und Musik, wenn auch verurteilt von orthodoxen Sittenwächtern.

Kharabat galt deshalb immer als leicht verrufen. Früher sahen die Leute in den Bewohnern Menschen von geringerem Status. Als Frau mied man das Viertel. Um Musikstunden zu nehmen, ging man nur in die feinen Gegenden. Musikerinnen sollte es nicht geben, und auch das Singen fürs Radio war verpönt. Dennoch blieb die afghanische Musik im öffentlichen Leben allgegenwärtig, und natürlich sucht heute die Jugend vor allem den Anschluss an die Internationale der kommerziellen Musik.

Gleichzeitig lebt die traditionelle Musik fort, und auch außerhalb von Kharabat war die Musik in Afghanistan eine tragende soziale Größe. In einem Land ohne Presse fand ein erheblicher Teil der Kommunikation durch musikalische Botschaften und Gedichte statt. In fast jedem Haus hing ein Instrument, nach der Feldarbeit setzte man sich und spielte. Kinder, die die Tiere hüteten, vertrieben sich auf Instrumenten wie der Flöte oder der Pferdekopfgeige die Zeit. Selbst im Ramadan brachte man in den Wirtshäusern traurige Legenden zum Vortrag oder lauschte den Geschichtenerzählern, die ihre Monologe musikalisch begleiteten oder sangen. Überall fand sich Raum für Improvisation, und wo der Text herrschte, passte die Musik sich an.

Der Großteil dieser Musik war einstimmig. Am Salang-Pass oder im Pandschir-Tal aber fand man auch sparsame Formen der Mehrstimmigkeit, wo ein Sänger eine Form suchte, sie immer wiederholte, ein zweiter, ein dritter sie variierte. Der Rhythmus war entscheidend, die Trommel wichtig, die notfalls durch Klatschen, Pochen oder Klopfen ersetzt wurde. Dabei lagen die Singstimmen oft an der oberen Grenze des Stimmumfangs.

Auf der einen Seite hatte das Land immer auch starke Binnengrenzen durch die verschiedenen Stammeskulturen, und diese setzten sich auch musikalisch durch. Afghanistan war immer schon ein Durchgangsland gewesen, eines, das weniger produzierte als vielmehr durch Handel vertrieb, und so erwiesen sich die Grenzen nach Pakistan, Tadschikistan, Turkmenistan, Usbekistan, zum Iran immer auch durchlässig für die musikalischen Einflüsse.

In manchen Regionen mischten sich so die Farben der persisch-arabischen Welt, die Stilrichtungen der höfischen Musik, des ekstatischen Tanzes, die rhythmusbetonte, Jagdszenen nachstellende Musik der Nuristani mit dem fröhlichen Gesang der Usbeken, dem chorischen Gesang der Krieger, den Hirtengesängen der Nomaden, die oft wie Hilferufe klingen. Für das ungeübte Ohr klingt diese Musik oft virtuos, aber eintönig. Wir hören die Variationen der Vierteltonschritte nicht, haben eine andere Empfindsamkeit für Rhythmisches, finden Wiederholungen ermüdend und sind stärker gewöhnt an größere kompositorische Bögen, weniger an die asyntaktischen kurzen Einheiten, die diese Musik bevorzugt.

Peter Levi, der 1970 mit dem damals noch weitgehend unbekannten Bruce Chatwin durch Afghanistan reiste, erzählt: »Eines Abends fanden wir im Basar Musik. (...) Wir sahen ein Instrument wie eine langhalsige bauchige Gitarre und fragten, ob irgendjemand darauf spielen könne, doch hervorgezogen wurden dann ein Akkordeon und eine Trommel, die einen hohlen, dröhnenden Klang hatte und plötzlich auch mal donnernd knallte und klatschte. Jemand wurde dazu verleitet, zu einem Trommelstück zu tanzen, das, viele Male wiederholt, Ekstase ausdrückte; es wurde Schischkebab genannt. Später in der Nacht fanden wir zwei junge Männer, die sich endlos wiederholende Worte eines Schlagers sangen, und zwar mit ständig variierenden Harmonien, wobei sie einander den Kopf auf die Schulter legten und manchmal in Kichern ausbrachen; die Begleitung war eine zwölfsaitige Gitarre, die klang, als würfe man einen Hammer in kaltes Wasser. Die Worte des Liedes bedeuteten, das Kamel braucht Datteln, und die Erde braucht Blumen.«

Das Instrument, das Levi hier meint, ist die Rubab, die Kerblaute, das verbreitetste Instrument Afghanistans, aus einem einzigen Stück Maulbeerholz gefertigt. Zwischen Rubab und Sitar bestehen Affinitäten, und ich habe immer wieder Kinder getroffen, die das Spiel dieser kompliziert scheinenden Instrumente virtuos beherrschten.

Jeder Stein im Viertel Kharabat ist gesättigt von Geschichte. Es war König Amir Sher Ali Khan selbst, der den Musikern seines Hofes diesen Platz überließ. So hatten sie eine Heimat und konnten gleichzeitig mit Kutschen, später mit Limousinen rasch herbeigeholt werden, wenn der Regent Musik hören wollte. Die Eminenzen des klassischen Gesangs der afghanischen Musik erhielten den Titel »Ustad«, Meister. Sie exzellierten etwa in der Kunst des Ghasals, einer alten Lied- und Gedichtform, die heute vor allem unter Sufis, den islamischen Mystikern verehrt wird. Viele Stunden lang spielten die Musiker bei Hochzeiten und religiösen Festen ein Repertoire aus solchen Ghasals, Volksliedern und Tanzmusik. Dabei existiert die Musik in enger Verschmelzung mit der Poesie, deren Omnipräsenz auch auf den verbreiteten Analphabetismus zurückzuführen ist. Die mündliche Überlieferung ersetzt die Schrift.

Die Mystik dieses Kulturraums vermittelte sich traditionell nicht asketisch, sondern über Musik und Tanz, sie fand im sinnlichen Genuss einen Weg in die Entgrenzung. Die Musik war also auch ein Medium für das Einswerden mit dem Göttlichen. So, und mit Hilfe der Lyrik der Dichter, Sufis und Mystiker wie Sanai, Rumi, Hafis, Aschqari, dem populärsten zeitgenössischen Dichter, konnte sich die Musik in Kharabat immer weiter verfeinern, und mancher Junge lernt noch heute früh die Beherrschung der ekstatisch wirkenden Tänze.

Man täusche sich übrigens nicht: Musik und Dichtung werden vom Koran an keiner Stelle ausdrücklich untersagt. Musiker, Solisten in ihrer Kunst, wurden von alters her verehrt, man maß ihnen aber gesellschaftlich eher eine Position auf der untersten Stufe zu. Musik wird mit der Verführung, den sinnlichen Verlockungen in Verbindung gebracht, sie wird gesellig eingesetzt in den Teehäusern, bei öffentlichen und privaten Festen. Rein instrumen-

telle Darbietungen sind dabei seltener als die von Gesang begleiteten, in denen es oft um Liebe und Lust geht, ein Genre, in dem sich alle Völker Afghanistans immer wieder hervorgetan haben. Dazu kommen Wiegenlieder, Heldenlieder, Loblieder über die Mutter und die Ahnen, Kampf- und Trauerlieder, Lieder zur nationalen Verteidigung, Spottgesänge über Feiglinge. »Mein Geliebter ist besiegt aus der Schlacht heimgekehrt«, singt eine Frau, »jetzt bereue ich den Kuss, den ich ihm letzte Nacht gab.«

Kharabat hat eine zweihundertjährige Geschichte. Als das Viertel nach dem Abzug der sowjetischen Truppen aber von den Mudschaheddin bombardiert wurde, flohen die Musiker erst nach Pakistan und in den Iran, dann zogen viele weiter nach Europa, Kanada und in die USA. Die namhaftesten unter ihnen leben heute im Exil, und jene, die heimkehrten, ernähren sich oft unter kargen Bedingungen durch Unterricht, Verlobungen, Hochzeiten und Beschneidungsfeste. Selbst hier hat es die klassische und traditionelle Folklore schwer. Übernommen haben die Jungen mit Keyboards und Synthesizern und Playback-Soundanlagen, und manche von ihnen legen nur noch Kassetten ein.

Und doch: Kinder, die Bücher lesen, Mädchen, die die Schulbank drücken und nachmittags ein Instrument erlernen – auch solche Szenen kann man heute in der von Agha Khan gestifteten Musikschule in Kabul sehen. Die alten kulturellen Traditionen sind gegenwärtig. Inzwischen leben hier wieder fast dreihundert Musikerfamilien, und die Betreiber der Musikschule freuen sich über jeden, der die traditionelle Musik des Landes kennenlernen möchte. Der Unterricht ist kostenlos. Viele der mittlerweile etwa einhundert Studenten und Studentinnen kommen extra dafür aus entfernten Stadtteilen.

Mirwais Siddiqi, der Leiter der Musikschule sagt: »Wir sind in einer reichen Kultur aufgewachsen. Und dazu gehört die Musik. Sie ist ein Teil von uns, so wie auch die Dichtkunst. Meine Großmutter war Analphabetin, doch sie konnte die Gedichte unserer klassischen Dichter Saadi und Hafis rezitieren. Und wo es Dichtung gibt, gibt es auch Musik. Unser Ziel ist es, das Wissen der klassischen afghanischen Musik aus Kharabat nicht verlorengehen zu lassen, sondern es an die nächste Generation weiterzugeben. Damit wir eines Tages nicht sagen müssen, wir haben alle Traditionen verloren und stehen vor dem Nichts, so wie es mit vielen anderen Sachen bereits geschehen ist.« Ehemals gab es sogar Medizin- und Kochbücher in Versform.

In der Klasse für Tablas sitzen heute zwanzig Schüler im Schneidersitz auf Teppichen, die entlang der Wand auf dem Boden ausgebreitet sind. Sie lauschen ihrem Meister. Die meisten tragen die typische Kleidung der Region, den Shalwar-Kamiz, die Pluderhose mit den langen Hemden. Einige aber sind westlich gekleidet. Der Lehrer erklärt die verschiedenen Rhythmen. Auch ein Mädchen aus einem Viertel der Altstadt findet sich hier, das mit Freude ihre ersten Rhythmen trommelt.

Es bleibt dennoch schwer vorstellbar, was hier einmal beheimatet war. Da hörte man die starken Stimmen überall auf den Gassen. Die Menschen blieben stehen, sammelten sich in Grüppchen. Manchmal fielen sie ein, manchmal beglückwünschten sie die Virtuosen, und manchmal lächelten sie einfach nur vor Erleichterung über die Tröstungen, die von der Musik ausgehen, von den Versen. Man kann sich in westlichen Gesellschaften oft nicht recht vorstellen, wie wichtig die Schönheit der Kunst ist, wie tief sie reicht, wie profund das Wissen um die Kultur, wie verbreitet die Lust ist, selbst Verse zu schreiben. Die Feier des Schönen ist, wo Kriege, Besatzer, religiöse Autoritäten so lange die Künste regulierten, Teil eines Aufbruchs.

Ihn fassen vor allem die ins Auge, die das Land nicht verlassen haben, die es von innen verändern wollen. Bisweilen reden sie mit Spott und meist ohne viel Zutrauen von jenen Exilafghanen, die auch »Hundewäscher« genannt werden, weil sie sich im Westen angeblich zu würdelosen Beschäftigungen im Dienst der Reichen herablassen und weil sie die unmittelbaren Leiden des Krieges nicht kennen. Doch allzu vertraut sind sie mit seinen mittelbaren.

Es sind Millionen afghanische Flüchtlinge, die sich heute in Pakistan, vor allem in Peschawar, unter oft trostlosen und weitgehend rechtlosen Umständen durchbringen müssen. Politisch scheint sich niemand wirklich verantwortlich für sie zu fühlen. Wenn sie Glück haben, schaffen es die Mädchen und Frauen in die wenigen Schulen und Handwerksbetriebe, wo sie Ausbildung und manchmal auch ein Auskommen finden. Meist hängen an diesen Stellen ganze Familien. Ich habe versucht, einige der Stimmen von Frauen aus diesen Betrieben zu sammeln. Sie klingen so:

»Ich bin Scharifa, Tochter des Mohamed Akbar. Im Jahre 1992 nach dem Beginn des Krieges in Afghanistan sind wir nach Pakistan gekommen. Vor dem Krieg lebten wir in Kabul in Karte-Mamourin in der Nähe von Silo-e-Markazi. Mein Vater war Chauffeur beim Roten Kreuz. Er wurde während der Arbeit erschossen. Damals war ich fünf Jahre alt. Im Krieg, als wir noch in Kabul wohnten, wurde unser Haus durch mehrere Raketen beschossen, und wir haben alles verloren. Zum Glück wurde niemand verletzt. Aus großer Not sind wir nach Pakistan geflüchtet. Von Anfang an hat mein Bruder für uns gesorgt und uns unterstützt, bis heute immer noch. Er hat zuerst in einer Bäckerei gearbeitet. Zur Zeit arbeitet er in einem Restaurant für sehr wenig Lohn und sorgt weiterhin für unseren Lebensunterhalt.«

»Ich bin Nafisa Khalilullah und gehe ins zwölfte Schuljahr der Marefatschule, die ich bereits seit dem ersten Schuljahr besuche. Ich habe zwei Brüder und zwei Schwestern. Meine ältere Schwester lebt bei uns – wir sind insgesamt zwölf Personen. Ich möchte später Ingenieurin werden, weil ich viele Probleme der Menschen lösen möchte. Denn durch das Ingenieurwesen kann man Häuser, Straßen und Museen bauen. So will ich meinem Land helfen und teilhaben und dafür sorgen, dass jeder meiner Landsleute ein Dach über dem Kopf hat. Ich möchte uns Straßen bauen und in unser Land Frieden und Licht bringen, so dass meine Heimat wie andere Länder der Welt zu einem fortschrittlichen Land wird. Leider wird dieser Wunsch nicht erfüllt werden, weil wir in Pakistan als Flüchtlinge leben. Es ist für Afghanen nicht

Sweet

möglich, sich hier an der Universität einzuschreiben, und in Afghanistan erlaubt es die Lage nicht. Ich wünsche mir von Gott so sehr, dass mein Wunsch in Erfüllung geht und ich meinem Land dienen kann.«

»Das Leben der afghanischen Frauen weg von ihrer Heimat und ohne Wasser ist ein schweres Leben. Ich lebe in der Hoffnung auf ein frisches Land, unsere geliebte Heimat.« Basima, viertes Schuljahr, Peschawar.

»Ich heiße Jamila Gulab und war Schülerin in einer handwerklichen Ausbildungsstätte. Ich bin Mutter von drei Kindern. Mein Ehemann ist vom rechten Weg abgekommen, oder Gott hat ihm den falschen Weg gewiesen. Vor der Arbeit als Schneiderin habe ich Bettdecken genäht und Nüsse geschält. Ich habe sehr viel gearbeitet, trotzdem aßen wir nur Brot und Wasser. Jetzt arbeite ich Gott sei Dank als Schneiderin, und glauben Sie mir, ich habe inzwischen zwei Lehrlinge und viele Kunden. Ich lebe in Heidarabad in der Provinz Ghasnie und arbeite gut und gerne. Durch Hilfe von außen kann ich jetzt alle Maße nehmen. Meine Kinder kann ich auch unterrichten. Ich besuche auch meine Lehrerin, weil ich so gute Erinnerungen habe. Ich bin die einzige Ernährerin für meine Kinder und meinen Ehemann.«

»Ich sende Ihnen meine Grüße. Ich heiße Rahela Mohammad Kabir. Ich bin verheiratet und habe drei Kinder. Mein Mann arbeitet als Tagelöhner. Ich lebe in Paschtunabad und arbeite als Schneiderin. Sie werden nicht glauben, dass mein Leben so gut ist, dass andere mich beneiden. Ich wohnte in einem sehr alten Haus, welches mein Mann geerbt hatte. Wir lebten dort mit an-

deren zusammen. Es gab viele Probleme. Durch meinen Beruf konnten wir Gott sei Dank zwei neue Lehmzimmer bauen, und ich arbeite dort als Schneiderin. Wenn ich etwas für die tun könnte, die mir geholfen haben, würde ich mich freuen. Sie sollen es in dieser Welt und in der anderen Welt gut haben.«

»Mein Name ist Aziza Schahwali, und 2009 ging ich zur Roschani-Schneiderei. Durch deren Hilfe kann ich heute meine Familie ernähren. Mein Mann ist mein Cousin, und Maurer, während der Arbeit traf ihn ein Stein auf dem Kopf, und er erblindete. Zur Behandlung ging er nach Pakistan, doch es half nichts. Ich habe vier Kinder, drei Töchter und einen Sohn, dieser ist zwölf Jahre alt. Wir leben in einer Hütte mit den Schwiegereltern und zwei Schwägerinnen, jede Familie in einem Raum. Mit meinen Schwägerinnen verstand ich mich schlecht, und ich hatte keine Hoffnung mehr, dass sich etwas ändert. Doch dann lernte ich innerhalb von zwei Monaten das Schneidern, und auch die Nähmaschine konnte ich bald bedienen. In dem Stadtteil, in dem wir mit vielen Flüchtlingen leben, gibt es keine Schneiderin. So bringen diese und auch die Bewohner vom Lande ihre Sachen zu mir. Von dem dabei verdienten Geld kaufe ich Fett, Mehl, Tee, Zucker und schicke meine Kinder zur Schule. Mein Ehemann sagt, wenn Sie nach Ghasnie kommen, möchte er Sie einladen, und ich werde, wenn es geht, für Sie Kleidung nähen, wenn ich Ihre Maße habe, oder bringen Sie mir Ihre Kleidung, und ich nähe sie nach diesem Vorbild.«

»Ich heiße Mahtab und mein Vater heißt Schahbaz. Ursprünglich komme ich aus der Provinz Kunduz. Zur Zeit lebe ich in Dascht-Abad in Peschawar in einem Mietshaus. 1983 habe ich geheiratet und wohnte mit meinem Mann in Khanabad in Kunduz. Wir waren glücklich. Drei Jahre nach unserer Hochzeit hat man meinen Mann zum Militärdienst einberufen. Während des Dienstes wurde mein Mann durch Minen-Explosionen sehr verletzt. Um meinem Mann zu helfen und ihn behandeln zu lassen, haben wir unser Hab und Gut verkauft und sind in den Iran gegangen. Dort wurde er behandelt und ein Arm amputiert. Wir haben vier Jahre lang im Iran gelebt und sind dann nach Pakistan gereist. Seit zehn Jahren sind wir nun in Pakistan. Unser Leben ist hier sehr bitter. Mein Mann arbeitet in einem Restaurant. Da er behindert ist und nur einen Arm hat, wird er sehr schlecht bezahlt. Von dem, was er verdient, können wir nicht leben. Ich habe von der Honar-Ausbildungsstätte gehört und bin dorthin gegangen. Sie haben mich als Schülerin genommen. Seit vier Monaten arbeite ich hier und habe sehr viel gelernt. Ich bemühe mich sehr, dass ich besser werde. Ich kann jetzt einige Sachen selber schneidern. Ich wünsche mir sehr, dass ich eine gute Schneiderin werde, damit ich Geld verdienen und meiner Familie helfen und meinem Volk als Schneiderin dienen kann. Ich bin auch dabei, Lesen und Schreiben zu lernen. Jetzt kann ich schon manche Wörter entziffern und meinen Namen sowie die Namen der Familienmitglieder schreiben.«

»Ich heiße Arifa Mohamad Rahim und bin im zwölften Schuljahr in der Schule, die ich schon seit dem ersten Jahr besuche. Ich möchte in der Zukunft Ingenieurin Arifa genannt werden. Momentan lerne ich nur für die Schule,

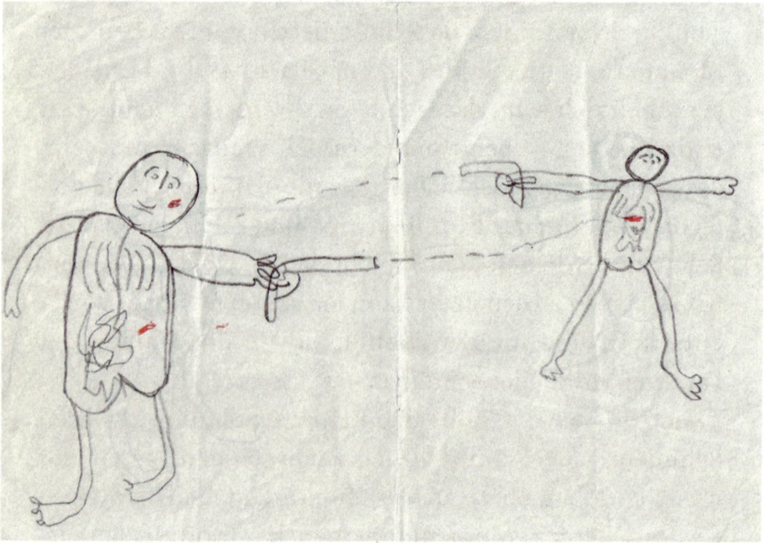

aber nach dem Beenden des zwölften Schuljahres möchte ich Computer Sciences studieren. Ich möchte so lange studieren, bis ich keine Wissenslücken mehr habe. Meine schönste Erinnerung bewahre ich an die Reise nach Afghanistan. Ich konnte zum ersten Mal den schönen Kabuler Fluss und die herrlichen hohen und mit Schnee bedeckten Berge sehen. Ich staunte über diese Schönheit. Meine dunkelste Erinnerung habe ich an die Menschen, die bei dem sehr kalten Wetter in Zelten leben mussten. Sie hatten kaum etwas zum Anziehen und sogar nichts zum Essen. Und jetzt muss ich fleißig meinen Landsleuten in Afghanistan helfen und in der Gesellschaft eine gute hilfsbereite Person sein. Bevor ich zu Bett gehe, verrichte ich das Nachtgebet. Ich gehe mit meiner Zeit sorgfältig um und lasse nicht zu, dass sie ungenutzt bleibt.«

Die Schneiderin Salima schließlich schreibt: »Ich war Schülerin, und meine wirtschaftliche Lage war schlecht. Mein Mann ist drogenabhängig und kann nicht arbeiten. Dadurch war das Leben für meine Kinder elend. Von dem Gehalt als Schneiderin konnte ich meinen Kindern Schulbücher und Hefte kaufen. Nach der Beendigung meiner Ausbildung im Schneiderei-Kurs bekam ich eine Nähmaschine und eine Schere. Mein Leben wird von Tag zu Tag besser.«

Die Situation der Frauen, so scheint es, wird insgesamt von Tag zu Tag besser. Doch ist das Vertrauen in diese Entwicklung brüchig. Wen wird dies wundern, angesichts der vielen Enttäuschungen der Vergangenheit? Jeder politische Rückschritt war immer zugleich einer bei der Entwicklung der Gleichstellung.

Unter der Herrschaft von König Amanullah von 1919 bis 1929 kam es zum ersten Wendepunkt der Frauenbewegung in Afghanistan. Das unter ihm erlassene Ehe- und Heiratsgesetz sprach den Frauen rechtliche Gleichheit zu, erste Mädchenschulen wurden gegründet und das Tragen europäischer Kleidung angeordnet. Zu rasch für seine Zeit, überforderte er die konservativen Kräfte mit seinen Reformen. Er wurde gestürzt, alle Mädchenschulen mussten schließen. Dennoch gilt seine Verfassung als Vorbild für nachfolgende Regierungen. 1959 wurde während der Amtszeit des Ministerpräsidenten Daud das Tragen des Ganzkörperschleiers abgeschafft, 1964 unter König Zahir Schah eine neue Verfassung eingeführt und damit das Wahlrecht für Frauen. Frauen besetzten selbst Ministerämter.

1973 wurde Zahir Schah vom ehemaligen Ministerpräsidenten Daud abgesetzt und Afghanistan zur Republik erklärt. Sichtbar war die Frauenemanzipation eher in den Städten als auf dem Land. 1978 wurde Daud bei einem Putsch getötet. Die an Moskau orientierten Militärs übernahmen. Zwar bestanden sie weiter auf Frauenbefreiung, doch wurde diese zu dogmatisch und ohne Einbeziehung des Volkes durchgesetzt, so dass sich Widerstand vor allem bei der ländlichen Bevölkerung regte. Knapp sechs Millionen Menschen flüchteten in die Nachbarländer Pakistan und den Iran. Auch mit den Mitteln des wahhabitischen, saudiarabischen Islams, der wenig mit dem in Afghanistan praktizierten liberalen Islam zu tun hatte, wurden die Frauen unterdrückt. Als 1992 die islamischen Konservativen an die Macht gelangten, setzten sie die

خانه قهرمان
احمد نوید شجاع

frauenfreundliche Verfassung außer Kraft und ordneten das Tragen des Schleiers an.

Den Nachwirkungen der sowjetischen Besatzung begegnet man heute noch überall. Wenn nach dem Einmarsch der sowjetischen Truppen im Jahr 1979 die Zahl der berufstätigen Frauen stieg, so hatte dies auch politische Gründe: Da so viele Männer im Krieg waren, mussten die Frauen vermeintliche Männerberufe übernehmen. Der Begriff »Demokratie« aber wird heute noch vielfach für eine sowjetische Hinterlassenschaft gehalten, und gerade die Alten behandeln auch Fragen der Frauenemanzipation nicht selten als Erbe des russischen Regimes und lehnen deshalb eine Auseinandersetzung mit solchen Fragen des Menschenrechts ab. So hat eine heute fünfzigjährige Frau schon mehrere Epochenwechsel der Emanzipation erlebt, verschärft in vielen Fällen noch durch die Situation des Exils.

Einmal schrieb Fauzia Azimi, die Leiterin einer Mädchenschule für Flüchtlinge im pakistanischen Peschawar, um Nadia Nashir und mir ihre Situation zu erklären. So klang ihr eindrucksvoller Bericht: »Falls mein Brief zu lang wird, möchte ich mich bei Ihnen entschuldigen. Wir, die afghanischen Flüchtlinge, leben in Pakistan, und trotz unseres beschwerlichen Lebens im Lager samt der Verteilung der knappen Lebensmittel und trotz des Fehlens von Elektrizität (bis zu neun Stunden am Tag fällt der Strom aus) hassen wir unser Land nicht. So ist es nicht, wir lieben unser Land. Das Schicksal, die Gewalt der Mächtigen und der Kidnapper, der Angriff der Kriminellen auf das Leben und die Ehre der Menschen, das niedrige

Bildungsniveau in den Schulen, die fehlenden Möglichkeiten zur medizinischen Versorgung, das Fehlen von Jobs und die hohen Mieten, dies alles sind Gründe, warum viele Flüchtlinge lieber in Pakistan bleiben. Wenn Gott möchte, wenn die düsteren Wolken weggeblasen sind und unser Himmel wieder erhellt und frei ist und wenn wir uns sicher fühlen, dann kehren wir alle zurück. Ich hoffe, dass dieser Tag nicht sehr weit entfernt ist. Damit wir nicht sagen:

Wegen meiner Lieben verlasse ich das Land.
Wenn auch mein Land ein Paradies ist, verlasse ich es.
Die Luft des Gartens hat meine Flügel verbrannt.
Den Garten überlasse ich den Vögeln des Gartens.
Mein Land hält mich fest am Hals und ich mich an seinem Rockzipfel.
Weder lässt es los noch ich.
Mein Liebster, ich sage dir ›Auf Wiedersehen‹.
Ich lasse dich betrunken in der Gesellschaft zurück.

Darf ich Sie meine Freunde nennen? Denn das Wort ›Freund‹ ist von Größe und gilt der Person in allen Lebenssituationen, sowohl in Anwesenheit als auch in Abwesenheit, einer Person, die in traurigen und freudigen Momenten immer da ist, damit niemals eine Lücke in der Zwischenzeit entsteht. Ich wünsche mir, dass alle Afghanen – wo auch immer sie sein mögen – wahre, liebe Freunde als Wegbegleiter in traurigen und fröhlichen Momenten finden, Freunde, die uns begleiten in unserem Schmerz, in unserer Freude, und die teilnehmen an unseren Träumen, teilnehmen an dem Leben von Menschen, für die Freude und Frohsinn in ihrem Leben ein Fremd-

wort ist, an dem Leben von Menschen, die auf vielfache Weise unterdrückt werden.

Nach und nach vergisst man das Leben der afghanischen Flüchtlinge. Sie verschwinden aus der Erinnerung, und vielleicht werden einige denken, dass viele Afghanen längst zurückgekehrt sind. Aber so ist es nicht. Das ist ein falsches Bild. Afghanische Flüchtlinge in Peschawar haben gehofft, in Pakistan Zuflucht zu finden, damit sie friedlicher leben und ihre Kinder Zugang zur Bildung erhalten können. Darum ist die Schule ein Schritt in die richtige Richtung für eine gute und solide Ausbildung. Viele unserer Absolventinnen studieren an der Universität oder arbeiten in Berufen, die sie gerne ausüben. So haben hier zwischen 2001 und 2008 vierzig Schülerinnen ihr Abitur gemacht. Jetzt aber kehren wir zurück zu Kriegen und Unruhen.

Der Feind liegt auf der Lauer und zerstört die Ruhe und das Glück mit Selbstmordattentaten. Und das geschundene Volk Afghanistans ist seit Jahren immer auf der Flucht vor dem Tod und hat Angst. Es sehnt sich nach Frieden und befürchtet eine unsichere Zukunft. Die Situation der afghanischen Flüchtlinge ist schlimmer, und auch ist alles teurer geworden: die Mieten, die Lebensmittel, Medikamente, Arztbesuche. Alles ist zu mehr als hundert Prozent teurer geworden – und bisweilen verlangt man hier wahre Wucherpreise.

Heimatlosigkeit, Angst vor Armut, Angst vor Tod durch Selbstmordattentäter bestimmen unser Leben, und dazu die Sehnsucht nach einem Leben in friedlichen Ländern. Doch das ist uns verwehrt. Das unmenschliche, brutale Verhalten der pakistanischen Polizei gegenüber den afghanischen Flüchtlingen macht die Situation für viele von ihnen ungerecht und unsicher. Die pakistanische Polizei verhaftet junge afghanische Flüchtlinge unter so ungerechten Vorwänden wie dass ihre Aufenthaltserlaubnis abgelaufen sei oder nicht mehr verlängert würde. Die pakistanische Polizei übt Repressalien aus und erpresst häufig Geld von den Flüchtlingen.

Diesen ganzen Druck halten wir nur um der Zukunft unserer Kinder willen aus. Wir müssen ihn aushalten, da das Lernniveau in Kabul sehr niedrig ist. Dafür ist hier die Moral der Jungen und Mädchen in Gefahr. Sie werden bedroht. Kleine Jungen und Mädchen werden von Verbrechern vergewaltigt. Keine Wohnung, kein sauberes Trinkwasser und kaltes Wetter in Afghanistan zwingen viele afghanische Flüchtlinge, in Pakistan zu bleiben. Dies ist das Leben der Flüchtlinge auf beiden Seiten der Grenze.

Aber zwischen den Feinden der Menschen gibt es Menschen mit großem Herzen und einer Seele voller Liebe und Empathie. Solche Menschen in allen Ländern sind Retter, Gefährten und Führer einer Karawane und wahre Menschenfreunde. Sie schätzen jeden Blutstropfen des Menschen, und wir sagen: »Den Wert des Goldes weiß nur ein Goldschmied.« Solchen Menschen ist der Wert einer jeden menschlichen Eigenschaft bewusst.

Ihre Freundin Fauzia Azimi, Schulleiterin, Peschawar.«

Ich erinnere mich: Als ich 2005 zum ersten Mal nach Afghanistan kam, da hatten mich die Straßenkinder zu diesem weiträumigen Platz am Stadtrand geführt, mit

seinen verstreuten Fußballtoren, dazwischen weidende Kühe. In den Händen hielten die Kinder Sandaletten, angefressene Fingerbrotfladen, leere Kanister. Diese Kindergesichter waren, wie ich nie welche gesehen hatte, kindlich, im stürmischen Temperament dauernd begeistert, und zugleich alt, mit Tränensäcken und tief eingefressenen Falten um die Augen, um den Mund. Alte Weiber in Kinderkörpern. Auf einem Areal von über einem Quadratkilometer stürzten sie sich auf jede fremde Erscheinung, mal mit dem Schuhputzkasten, mal mit dem Wasserkanister, aus dem sie flaschenweise Rationen für die Sportler abfüllten, mal nur aus Neugierde oder in der Hoffnung, etwas, irgendetwas zu erbeuten.

Sie waren vielleicht acht Jahre alt, vielleicht jünger, verstanden sich aber schon auf das Mitleiden, auf das Schuhmacherhandwerk und die Kunst des Überlebens. Manchmal aber übten sie sich sogar in ganz profanen Vergnügungen: Ringe werfen über Zigarettenschachteln, dem Führen eines Plastikpanzers durch den Staub. Manchmal sammelte sich ein Grüppchen um eine Taschenlampe, ein Kartenspiel, ein Brillengestell, und so standen sie da, Kinder im Sonntagsstaat, die meisten mit jenen Narben, die das Messer in geöffneten Eiterbeulen nach Schmutzinfektionen hinterlässt – neben Wurminfektionen, Parasitenbefall, Typhus, Hepatitis und Malaria eine der verbreiteten Erkrankungen.

Auf der anderen Seite des Feldes lag das große Sportstadion, wo die Kinder die Athleten mit Wasser versorgten und sich so ein paar Münzen verdienten. Das Brot hatten sie ausländischen Soldaten für fünf Afghani abgekauft, stillten damit aber zunächst einmal den eigenen Hunger.

Diese Kinder kamen von außerhalb der Stadt, bestiegen in der Frühe den Minibus, flogen aber, weil sie meist nicht bezahlen konnten, rasch wieder raus.

»Kennt ihr eigentlich die Fußballerinnen, die hier trainieren?«, wollte ich wissen.

»Wir waren sogar schon in ihren Zimmern.«

Der Anführer blickte kühn. Wir ließen uns von ihm ins Stadion führen, einen geschundenen Ort, an dem ehemals die Taliban ihre Gegner während der Halbzeitpausen exekutierten. Der Junge beobachtete unsere Gesichter, sagte dann:

»Für euch sieht das dreckig aus, für mich ist es das Paradies.«

Aber nicht der Dreck, die Geschichte entstellte den Ort.

Die Kinder sind immer noch da, ihre Routine ist unverändert, und auch der Rasenplatz sieht aus wie vor Jahren. Es regnet noch immer diesen überraschenden warmen Septemberregen, als wir im Stadion ankommen, wo gerade die Frauenfußballnationalmannschaft trainiert. Hatte ich sie beim letzten Besuch noch in der Halle spielen sehen, so erlebe ich die Frauen heute im Freien, und das trotz der Temperaturen: Wenn der Regen mal aussetzt, misst man vierzig Grad im Schatten. Die Frauen tragen zwar alle Kopfbedeckungen, manchmal bloß ein Schweißtuch, eine Baseballkappe, einen Schal oder die Flagge Australiens, auch sind ihre Arme und Beine bedeckt, aber der Platz liegt offen zwischen den Tribünen. Es sehen Männer zu, und mir fällt die Schuldirektorin ein, die zuletzt

noch gebeten hatte, wir mögen ihr einen Meter Mauer schenken, damit sie höher bauen und damit die Männer daran hindern könnten, den Mädchen beim Sport zuzusehen.

»Sehen keine Männer zu«, sagen die Frauen der Nationalmannschaft, »spielen wir manchmal sogar kurzärmelig.«

Nur schamhaft, nur gefährdet hatten sie ihren Sport betrieben, waren auf der Straße manchmal mit Steinen beschmissen worden, wenn sie vorbeiradelten auf dem Weg zum Sportplatz. Heute toben sie durch den Regen, probieren Spielzüge aus, während der alte Nationaltorwart die beiden Torhüterinnen trainiert. Eine von beiden verbringt gerade ihre letzten Tage hier. Sie wird nach Norwegen ziehen und heiraten. Ihre Nachfolgerin ist nicht so beherzt wie sie, sondern sagt, immer habe sie auch ein wenig Angst vor dem Ball.

»Stell dich der Aufgabe«, ruft der Trainer, »nimm den Ball als willkommene Überraschung, und das Wichtigste ist: Du musst mit den Füßen tanzen.«

Man weiß bei seinen Anweisungen nie genau, ob er mehr vom Fußball oder von der Lebenskunst spricht.

Doch dann schleppt sich die Torfrau vom Feld mit den Worten:

»Ich habe brennende Füße!«

Der Kunstrasen heizt sich zwischen den Schauern noch mehr auf, man kann ihn ohne Schuhe kaum mehr berühren.

»Doch das ist noch gar nichts«, sagt eine, »wir haben schon unter heißerer Sonne gespielt.«

11
KT

Der Trainer macht sich Sorgen um den Gesundheitszustand seiner Schützlinge.

»Sie hungern zu viel«, sagt er, »kriegen meist nicht mal Milch. Aber immerhin werden die Zeichen der Traumatisierung durch den Krieg in jedem Jahr weniger.«

Die Aufbauarbeit ist trotzdem schwierig, denn kaum heiraten die Mädchen, kommt es vor, dass ihre Männer ihnen den Sport verbieten.

Frauenrechte, hatte mir einmal eine Feministin gesagt, das möge zwar wie ein Luxusthema klingen, aber der Programmbedarf der vielen Rundfunkstationen sei hoch, und so brächten sie doch immer wieder feministische Beiträge unter, die auch in den afghanischen Bergen gehört würden. Ich verabrede mich diesmal mit Homeira Qaderi, einer jungen feministischen Schriftstellerin, in einem unscheinbaren Restaurant im nächtlichen Kabul. Sie ist mit dem eigenen Wagen gekommen, hat selbst am Steuer gesessen, eine zarte, energische Frau mit vollendetem Kleidungsstil, die Einzige, die im Fernsehen über Literatur spricht.

»Ich habe Sie auf YouTube gesehen«, sage ich.

»Dann kennen Sie ja meine Bluse schon«, erwidert sie.

In der Tat, da saß sie genau wie hier, grün-weiß gestreift. So saß sie auch ehemals auf der Petersberger Konferenz in Bonn und sprach über Frauenrechte und gesellschaftliche Probleme.

»Es gab Reden«, sagt sie resigniert, »Konsequenzen gab es kaum. Es gab jede Menge Selbstdarstellung und keinen Pragmatismus.«

Qaderi war vierzehn, als sie zu schreiben begann und

صنف سوم

als die Taliban an die Macht kamen. Ihre erste Erzählung erschien unter einem Pseudonym in der Zeitung. Doch sie flog auf, und ihr Vater kaufte alle Zeitungen auf vor Angst.

»Die Taliban ermahnten mich, drohten, sie würden mich auspeitschen.«

Sie kam davon, duckte sich weg, doch unter Tränen.

»Die schönste Zeit meines Lebens musste ich unter der Burka verbringen. Wir waren einmal drei Freundinnen. Die beiden anderen aber haben sich inzwischen selbst verbrannt.«

Qaderi war zwanzig, als die Taliban gingen, und sie schrieb immer noch und stellte Fragen:

»Warum nur hatten wir diese Bereitschaft, die Taliban überhaupt aufzunehmen? Warum besetzen jene, die mit mir im Land bleiben, keine Führungspositionen? Warum haben sie keinen Einfluss?«

Sie selbst lebte zeitweise im Iran, nahm an der Grünen Revolution teil, wurde verhaftet und verhört und musste das Land innerhalb von 48 Stunden verlassen. In Afghanistan berät sie heute den Innenminister, arbeitet für die Vereinigung der Waisenhäuser, »und wenn der Minister meine Gefühle nicht durcheinanderbringt, kann ich ein paar Stunden konzentriert schreiben. Mein Mann unterstützt mich. Aber unter Bedingungen. Ich muss mich dauernd erklären, wie ich lächele, wen ich ansehe. Von den Drohungen, die mich erreichen, sage ich meinem Mann nichts. Er würde sie nur fürchten. In seinem Kopf sind immer die Taliban. Wissen Sie: der Talib ist der Gedanke der Einschränkung, nicht der Mann, der sich so nennt. Ich begegne den Taliban

also vielleicht nicht leibhaftig, aber ihren Denkformen begegne ich selbst in der eigenen Familie.«

»Haben Sie je Feministen unter den afghanischen Männern getroffen?«

»Doch, es gibt Männer, die auf unserer Seite sind. Aber die meisten schimpfen eher: Du machst alles kaputt, wir bringen dich um. Bei allen Schwierigkeiten, die uns die Männer bereitet haben, haben sie sich diese Probleme ja auch selbst bereitet.«

Es ist dieser Kampf auf mehreren Linien, der ihr Leben bestimmt.

»Ich wollte nicht das klassische afghanische Frauenleben. Ich wollte nicht wie meine Mutter leben. Früher haben hier viele Frauen geschrieben. Doch kaum bekamen sie Kinder, waren sie weg. Ich weigere mich, Kinder zu bekommen und in diese Rolle zu fallen. Manchmal wünsche ich mir weiße Haare, um Respekt zu bekommen, und wenn ich Auto fahre, möchte ich nicht beschimpft werden.«

»Hat je die US-amerikanische oder europäische Frauenbewegung Kontakt mit Ihnen aufgenommen?«

Sie lacht.

»Nie. Keine.«

Dass sie lange gekämpft habe, sagt sie, dass sie müde werde. Und dann überraschend: Den Islam in Afghanistan, den könne man schon reformieren und liberalisieren. Die Kultur dagegen sei fester gefügt und unwandelbar. An ihr arbeite sich jede und jeder vergeblich ab.

Als sie aufbricht, um sich in der Nacht von Kabul an das Steuer ihres Wagens zu setzen, ist klar, dass sie es

selbst in diesem unscheinbaren Moment mit nicht weniger als der Kultur des Landes aufnimmt.

Sosehr die jungen Frauen darum ringen müssen, sich einen Weg in die Unabhängigkeit, die Selbständigkeit, die Berufswelt zu bahnen, man findet, zumal in den Städten, nicht mehr viele Väter, die den Wert der Alphabetisierung, des Schulunterrichts nicht verteidigten, und auch sie können sich auf die Geschichte berufen.

Die traditionelle Erziehung in Afghanistan reicht weit in die Zeit vor dem Islam zurück in die Zeit der Arier, also ab etwa 1000 vor Christus. Bis zum siebten Jahrhundert nach Christus dominierte der Buddhismus, danach gewann der Islam vorherrschende Bedeutung. Im elften Jahrhundert gab es unter Sultan Mahmud dem Großen zweitausend Grund- und Mittelschulen sowie zwei Universitäten. Mit Anfang des zwanzigsten Jahrhunderts erstellte der Staat Curricula. Der Stundenplan sah im ersten Schuljahr vor: Arabische Grammatik, Rhetorik, Arithmetik, Kalligraphie, Regeln der Koranrezitation, Ethik. Im zweiten Jahr: Dogmatik und Islamisches Recht, Arabische Grammatik, Arabischer Wortschatz, Arithmetik, Grundlagen der Geometrie, Kalligraphie, Regeln der Koranrezitation, Ethik und Staatsbürgerkunde. In den nächsten drei Jahren kamen dann Logik, Literatur und Geschichte, Orthographie und Formulierung, Grundlagen der Scholastik, Afghanische Geschichte, Geographie, Tradition der Propheten, Philosophie, Physik, Korrespondenz und Textabfassung dazu.

Die erste moderne Sekundarstufe wurde schon von Amir Habibullah im Jahr 1903 gegründet, wenige Jahre

später gab es einen Erziehungsrat zur Überwachung des Unterrichts, der Herausgabe von Lehrmaterialien, zum Erlassen der Lehrpläne und zur Kontrolle der Prüfungen sowie der Hygiene. 1912 wurde die erste Lehrerbildungsstätte eröffnet, sie begann mit hundertzwanzig Studenten. 1921 wurde in Kabul die erste Mädchenschule errichtet, König Amanullah, der Begründer des modernen Staatswesens Afghanistan, erließ sogar ein Gesetz, das auch die Mädchen zum Schulbesuch verpflichtete. Mit den Taliban sind diese Errungenschaften des liberalen Islams revidiert worden, und manche Frauen-Biographie hat sich aufgerieben zwischen den Widersprüchen.

Es war einmal diese legendäre Stadt Kabul, oder nicht, in der der »Hippie-Trail« endete und die Kiffer aus aller Welt Haschisch rauchten, »das Kraut der Armen«. Eine Boheme entstand, die Frauen trugen Miniröcke, und die uralte Kultur zeigte sich durchlässig für die jüngste. Wie zu spätantiken Zeiten mischten sich die Einflüsse der Kulturen, und Offenheit charakterisierte das Land. Die Familienstrukturen aber blieben davon weitgehend unberührt: Die Kinderheirat kam damals kaum vor. Die Geburt des ersten Sohnes wurde groß gefeiert. Der Vater eines Mädchens zeigte sich stolz und unnahbar, wo es um die Verheiratung seiner Tochter ging. Zu ihrer Geburt aber wurden kaum je Glückwünsche ausgesprochen, so wie man sich auch nicht oft zu einer Hochzeit gratulierte.

Verbreitete sich aber die Nachricht von der Geburt eines Sohnes, so kamen die Männer herbei und feuerten Salutschüsse in die Luft. Man hielt es auch für gut, diesem Sohn gleich nach der Geburt seinen Namen und den Gebetsruf

mehrfach ins Ohr zu sagen und für das Kind am sechsten Tag eine Feier abzuhalten, weil man davon ausging, dass in den ersten sechs Tagen erhöhte Lebensgefahr für jedes Neugeborene bestand. Am selben Tag wurden zwei Schafe oder Ziegen geschlachtet. Ihr Fleisch verteilte man an die Armen und schor den Kopf des Jungen. Das Gewicht des Haares wurde dann noch einmal in Gold- und Silbergeschenken als Almosen an die Armen verteilt.

Trotz dieses Vorrangs der Jungen, die in umkämpften Zeiten auch zur Verteidigung der Familie antreten mussten, ist die afghanische Kinderliebe in allen Schichten stark, und wo in der Vergangenheit selbst gutgestellte Familien ihre Kinder in zerrissene Kleider hüllten und im Lehm spielen ließen, geschah es nicht selten aus Aberglauben: Ein solches Kind würde den bösen Geistern nicht auffallen. Kinderlos zu leben wird dagegen fast als ein Verstoß gegen den Gedanken der Familie und der Gesellschaft verstanden.

Und heute? Die Sorge breitet sich sofort in den Gesichtern aus. Ein Sechstel aller Kinder erreicht das fünfte Lebensjahr nicht. Was tun? Wir gucken teilnahmsvoll. Auch in Kabul sind achtzig Prozent der Menschen auf fremde Hilfe angewiesen. Was tun? Wir verteilen Almosen. 26 Menschen werden im Durchschnitt monatlich durch Minen und Kriegshinterlassenschaften verletzt oder getötet? Wir bedauern. Die Hälfte der Kinder unter fünf Jahren ist chronisch unterernährt? »Ich seh hier niemanden verhungern«, hörte ich eine Europäerin sagen. Einmal haben wir den Bauern auf dem Lande einen Sack voller Äpfel abgekauft und sie an die bettelnden Kinder

der Straßenkreuzungen verteilt. Der Schwarm der jauchzend Davonlaufenden mit Händen voll roter Äpfel gehört zu den glücklichen Bildern, die sich der Armut der Jüngsten abtrotzen ließen.

Einmal hatte ich im Norden mit einem jungen Lehrer gesprochen, der ohne rechten Abschluss unterrichtete und sagte, angesichts der Not müsste Wissen entscheiden statt Ausbildung. Im letzten Jahr saßen dreißig Kinder in einer Klasse. Nun seien es schon je vierzig in sieben Klassen, besetzt auch von vielen Flüchtlingskindern. Sie brächten aber eine andere Sprache, einen anderen Sprechgestus, andere Kleidung mit, andere Sportarten und andere Ideale. Wenigstens hatte man soeben hier wie an allen öffentlichen Schulen die schwarze Schuluniform eingeführt, die – anders als die braune Hemd-Hose aus Pakistan – ein veritabler Anzug sei und keine Erinnerungen wecke.

Ich fragte den Junglehrer: »Hast du eine Frau?«

Da lächelte er entsagungsvoll und erwiderte: »Du stellst mir eine grässliche Frage. Woher soll ich das Geld für eine Frau nehmen? Woher?«

»Der Arme bekommt weder Hochzeit noch Trauerfeier«, ergänzte sein Vater noch mit einer Redensart, die größer war als die Armut im Raum.

Einmal sprach ich auf dem Land mit der Lehrerin einer Mädchenklasse. Diese tieftraurige Frau mit der grauen Haut hatte früher in Kabul unterrichtet. Dann verschlug es ihren Mann nach Nordafghanistan, und sie unterrichtete hier, tat es geheim, wenn es nicht anders ging, auch privat und selbst um zwei Uhr nachts. Sie riskierte ihre Freiheit, ihre Unversehrtheit, vielleicht ihr Leben:

»Als die Taliban da waren, durften wir nicht lernen. Als die Russen da waren, durften wir nicht muslimisch lernen. Immerhin, heute dürfen wir beides.«

Ihr Mann fiel, einer ihrer Söhne ebenso. Nun ernährte sie ihre fünf Kinder vom spärlichen Gehalt, für das das Erziehungsministerium und der Afghanische Frauenverein zusammenlegten. Sie war eine gute Pädagogin, alle Kinder in ihrer Klasse konnten lesen. Manchmal wurden die Kleinen von den älteren Geschwistern zur Schule begleitet, und sie lernten gleich mit. In der Lehrerin und ihren Schülerinnen hatten sich Gleiche gefunden: Fast alle Kinder in diesem Raum waren Waisen oder Halbwaisen, hatten Verletzte und Tote gesehen. Die Hälfte der Klasse war schon einmal an Malaria erkrankt gewesen. Sie selbst aber, räumte die Lehrerin damals ein, hatte vor allem psychische Probleme. Doch selbst diese hätten ihr Gutes: Ihre Traumata hülfen ihr im Umgang mit denen der Kinder. Diese seien leider allgegenwärtig und brächen sich im Alltag dauernd Bahn: Schiedsrichter würden verprügelt, die Möbel in der Schule zerstört. Von scheinbar unmotivierten Gewaltausbrüchen erzählen alle, die Kontakt mit Jugendlichen haben. Vielleicht, so der Eindruck, setze das Kriegsende eine große Blase der Gewalt frei, die nun platze – eine lange angestaute afghanische Katharsis.

Die Mädchen, sagte die Lehrerin auch, seien ruhiger, gefasster, die Jungen zerstörerischer, unbändiger. Kaum kämen sie in die Pubertät, müssten Jungen und Mädchen versetzt unterrichtet werden, die einen vormittags, die anderen nachmittags, und dann sei da noch das ethnische

Problem zwischen den Persisch- und den Paschtu-Sprachigen, den Turkmenen und den Usbeken mit all dem, was ohnehin die Stämme trenne und die Schichten. Zum Glück sei nun wenigstens eine Schuluniform eingeführt worden, die den Schmutz nicht annehme. Auch das sei wichtig, denn viele Kinder in ihren Klassen besäßen keine Seife und trügen ihre schwarzbunte Kleidung auch, da man die Flecken auf ihr nicht sehe. Nun könne wenigstens kein Unterschied mehr zwischen den Armen und den Bessergestellten ausgemacht werden.

In den Monaten nach dieser Begegnung habe ich versucht, andere Lebensgeschichten afghanischer Frauen in ihren eigenen Worten zu sammeln. Hier sind einige der Stimmen, die mich aus der Schneiderei einer Kleinstadt erreichten:

»Ich heiße Mary Abdulhaq und bin seit zwei Jahren Schülerin einer Schneiderei und Stickerei. Meine Lebensgeschichte möchte ich sagen. Ich habe ein schweres Leben hinter mir, und oft konnte ich nicht schlafen. Früher lebten wir in einer Hütte, sie war schlecht gebaut, und oft hatten wir Angst, die Hütte stürzt ein, weil aber wir kein Geld besaßen, konnten wir sie nicht befestigen. Mein Vater arbeitete als Wächter. Doch leider brach in das Haus, das er bewachte, ein Dieb ein, und so verlor er seine Anstellung. Mit dem Geld, das ich durch die Schneiderei und Stickerei verdiene, kaufe ich für meine Mutter Medikamente, weil sie gelähmt ist, und bezahle das Schulgeld für meinen Bruder. Einen Teil meiner Einkünfte aber habe ich auch gespart.

Als mein Vater seinen Job verlor, habe ich von meinem

ganzen gesparten Geld für meinen Bruder einen kleinen Handelsbetrieb gekauft, und jetzt führe ich mit meiner Familie ein gutes Leben. Nächte, die wir mit Angst verbrachten, und Tage, die wir hungerten, sind vorbei, jetzt geht es uns gut. Dies alles, die Freude und großes Glück, verdanken wir unserer Lehrerin und ihrem Einsatz.«

»Ich bin in einer sehr armen Familie geboren. Mein Vater ist Invalide, er hinkt. Er hat einen Laster, von wo er Kartoffeln und Zwiebeln verkauft. Wir sind vier Schwestern und drei Brüder. Meine Eltern und Großeltern leben mit uns. Meine Mutter sammelt Obst in den Gärten und Kartoffeln und Zwiebeln vom Boden, wo es geerntet wird. Wir haben zu wenig zum Essen und Anziehen. Meine Brüder und Schwestern sammeln Brennmaterial. Aber nachdem ich meinen Abschluss bei der Schneiderei gemacht hatte, konnte ich meinen Eltern sehr viel helfen. Jetzt schneidere ich von zu Hause aus, und meine Mutter unterstützt mich beim Bügeln. Zwei meiner Schwestern sind inzwischen verheiratet, und eine Schwester ist nun auch Schneiderin. Wenn ich ihr den Entwurf vorzeichne, kann sie ihn nähen. Gott sei Dank ist unser Leben so gut. Ich bin sehr zufrieden und dankbar.«

»Ich bin Mahbooba Aligul. Meine Mutter, zwei Brüder, eine Schwester und ich senden Grüße. Ich bin eines von vielen sehr unglücklichen Mädchen, da ich meinen Vater verlor, bevor meine kleine Schwester zur Welt kam. Da wir sehr schlechte Lebensumstände hatten, ging mein Vater zu ›Escort‹ als Fahrer. Er verunglückte auf dem Weg nach Kandahar. Als mein Vater starb, haben ihn Dorfbewohner begraben, da wir kein Begräbnisgeld hatten.

Wir blieben ganz ohne Beschützer. Meine zwei Brüder sammelten Holz, und meine Mutter hat in den Gärten anderer Menschen Pflaumen gepflückt. Ich war achtzehn Jahre alt, als ich in die Schneiderei kam. Ich erzählte meinen Mitschülern und Lehrern meine Lebensgeschichte, und sie verhielten sich mir gegenüber sehr nett. In dieser Ausbildung konnte man nicht unbeschäftigt bleiben, es gab immer viel zu tun. Mit großer Mühe sorgten meine Ausbilder dafür, dass ich die Schneiderei richtig erlernte. Am Ende gaben sie mir eine Nähmaschine und eine Schere. Ich wäre sehr froh gewesen, hätten sie mir auch ein Bügeleisen gegeben.«

»Ich heiße Feruch Gulam Ali und bin Absolventin der Schneiderei. Ich habe fünf Söhne und neun Töchter. Mein Ehemann ist drogenabhängig. Er war drei Jahre im Iran und hat sich nicht um meine Kinder und mich gekümmert oder sich gemeldet. Seit fünf Jahren ist er wieder zu Hause. Ich arbeite als Schneiderin, meine Kinder gehen zur Schule, und mein Leben ist gut. Wenn ich meinen Mann sehe, werde ich traurig. Aber dennoch schaffe ich es aus meiner eigenen Kraft, dass ich von keinem anderen Hilfe angenommen habe und mit meinem ehrlich verdienten Geld, das ich als Schneiderin verdiene, die gesamten Ausgaben für meine Kinder und meinen drogenabhängigen Mann bestreite.«

Jamila Shah Mahmud schreibt: »Nach Abschluss meiner Ausbildung habe ich einen jungen Mann geheiratet, der dort auf der Straße auf einem Laster Obst verkauft hat. Er besaß kaum Geld, und da ich hier als Jamila, die Schneiderin, bekannt bin, habe ich dank meines Fleißes

mit den Einnahmen als Schneiderin ein Salzgeschäft für meinen Mann gründen können. Wir führen ein friedliches Leben, haben ein Mietshaus, und unseren Kindern geht es gut.«

Im Jahr 2008 gab der UN-Generalsekretär bekannt, dass sechs Millionen Kinder in Afghanistan zur Schule gingen, 34 Prozent von ihnen waren Mädchen, vorwiegend in den Städten und meistens in die Grundschulklassen. Afghanistan besitzt zwar eine der höchsten Analphabetenraten weltweit, groß aber ist der Bildungshunger: der Ansturm an den Schulen und Universitäten sprengt vielfach alle Kapazitäten. Denn schätzungsweise 75 Prozent aller Schulen wurden zur Kriegszeit zerstört, Lehrmittel fehlen, die Gehälter für Lehrer sind lausig, und Weiterbildung ist vor allem für die Lehrerinnen nötig, denen das Unterrichten zur Talibanzeit verboten war.

Wenn die Beteiligung Deutschlands am Krieg in Afghanistan begründet wurde, von der Verteidigung »unserer Freiheit« und »Sicherheit« am Hindukusch die Rede war, wurde kompensatorisch immer auch davon gesprochen, man beteilige sich an der Erziehung der Jugend, dem Aufbau des Bildungssystems, man investiere in die Zukunft der afghanischen Jugend. Aber wo?

Die deutschsprachige Kultur nimmt im Germanistischen Institut der Universität Kabul einen weit dürftigeren Raum ein als die französische nebenan. An den Wänden hängen Plakate mit Bildern von Thomas Mann, Hannah Arendt, Gottfried Benn, Albert Einstein. In den spärlich bestückten Regalen aber fehlen die meisten ihrer Werke. Wenn hierhin die vielzitierte deutsche Hilfe für

Bildung und Erziehung wandern soll, dann wandert sie vorbei.

Im Streitgespräch mit den Studenten des Instituts glaubt denn auch kaum jemand an die humanitären Absichten auf Seiten der ausländischen Truppen. Nicht an Bush haben sie geglaubt, nicht an Obama glauben sie. Vielmehr haben sie beobachtet, wie eine Nation nach der anderen, auch Deutschland, aus dem humanitären Bereich an die militärische Front gewechselt ist, und so hat auch ein deutscher Besucher hier, anders als noch vor Jahren, keine besondere Sympathie zu erwarten. Ein Student erhebt sich:

»Die Taliban bringen Zivilisten um. Ihr bringt Zivilisten um. Wo ist der Unterschied? Und sagen Sie mir: Warum habt ihr solche Angst vor uns?«

Ein Zweiter fällt ein: »Ich kann es nicht mehr hören. Zu viel wurde uns versprochen, zu wenig ist geschehen. Was habt ihr erreicht? Was haben Sie erreicht?«

Er zeigt mit dem Finger auf mich, eine Geste, die angesichts der Höflichkeit im Umgang mit allen Fremden noch drastischer wirkt. Der Dozent erklärt ihm, ich sei nicht von der Bundeswehr. Da entschuldigt sich der Student. Zu oft schon seien deutsche Militärs hier gewesen und hätten ihre Mission erklärt. Worte! Sie könnten sie alle nicht mehr hören.

Aber bleibt etwas? Er will wissen, was uns, was Deutschland dieser Krieg nütze. Ich erkläre, ich sähe nicht, wo jemand außerhalb der Rüstungsindustrie in Deutschland greifbare Profite mache mit diesem Krieg. Ich erwähne die Leichen von Soldaten und den Mitarbeitern von Hilfsorganisationen, deren Särge auf deutschen Flughäfen eintreffen. Schrecken aber zeichnet sich in den Zügen der Studenten erst ab, als ich den Moment vorwegnehme, in dem sich die Weltöffentlichkeit von Afghanistan abgekehrt und anderen Brennpunkten zugewandt haben wird. Diesen Zustand des Landes will sich hier niemand vorstellen.

Dann aber ist es plötzlich die Dozentin, die sich mit Vehemenz gegen das Plenum richtet und die Debatte wendet. Sie spricht nicht zu mir, sondern zu den ihrigen:

»Wir klagen immer nur an, wir zeigen immer nur mit dem Finger auf die Ausländer, die Großmächte, das Militär, wir reden und reden, in Endlosschleifen. Doch lieber sollten wir uns selbst organisieren. Wir sehen pakistanische und indische Filme. Unseren Charakter bildet das nicht. Wir zeigen auf andere. Doch was tun wir? Wir trainieren unsere Körper, aber unseren Geist?«

Der Junge mit dem »Army«-T-Shirt schweigt, der Junge mit dem »London«-T-Shirt schaut betroffen. Ihre Männerkörper verdanken sie den Bodybuilding-Studios mit den gelackten Körpern auf der Fassade. Und es ist wahr: »Könnt ihr weißes Pulver besorgen?«, haben sie uns gefragt. Gemeint waren Steroide.

Die Dozentin redet sich in Rage: »Wir müssen das Land selbst aufbauen. Ich hatte einen Freund, der tagsüber als Student lebte, nachts als Talib. Jetzt ist er tot. Dieser Weg führt für uns alle nicht weiter.«

Der Erste, der sich zu antworten traut, ist desillusioniert: »Wenn die Internationale Gemeinschaft es nicht schafft, wenn unser Parlament es nicht schafft, die Pro-

bleme Afghanistans zu lösen, wie sollen wir?« Er schaut verzweifelt in die Runde.

»Ich habe einen Schriftsteller gewählt. Er zog ins Parlament ein. Gleich anschließend wurde er zusammengeschlagen. Er zog sich zurück. Nun habe ich keine Stimme mehr im Parlament. Wenn er es nicht schafft, wie soll ich es schaffen?«

Die Frage klingt so rhetorisch, dass keiner sie aufgreift. Einer will stattdessen wissen, was Afghanistan durch den deutschen Mauerfall lernen könne. Ein anderer fragt, welche positiven Veränderungen ich auf den Straßen Kabuls beobachtet hätte.

»Es gibt weniger Burkas«, sage ich, alle lächeln, »mehr Frauen am Steuer, die Rede ist freier, ihr habt Strom, der Warenfluss erreicht die Stadt. Doch wo geht er hin?«

Sie zucken die Achseln.

»Wenn der Regen schmutzig vom Himmel kommt, wird alles schmutzig«, antwortet einer der Studenten salomonisch, und da sind sich alle einig, dass die internationale Politik, die nationale Korruption, die Hinfälligkeit der Demokratie in diesem Parlament, dass sie alle zusammen Schuld haben am Desaster des Augenblicks. Aber ich werde erfahren, dass sich einige der Studenten in den folgenden Wochen organisiert haben und dass sie es mit einer eigenen Vertretung im Parlament versuchen wollen.

Als wir uns zu einem Abschiedsfoto aufstellen, ergreifen die meisten der Mädchen, die hinten in einem Block gesessen haben, die Flucht. Die Dozentin schimpft unermüdlich hinter ihnen her:

»Ihr seid die wenigen Frauen hier. Ihr habt es geschafft

und habt nicht einmal den Mut, euch fotografieren zu lassen? Ihr wollt moderne Afghaninnen sein? Schande!«

Und in der Tat ist diese Scheu erstaunlich, sahen wir doch auf dem Campus geschminkte Studentinnen, solche mit Pfennigabsätzen und in engen Jeans.

Wo aber liegt die Welt, in der von diesem Campus geträumt wird? Wo haben die Lebensläufe dieser Akademikerinnen ihren Ursprung? Wir lassen die Stadt hinter uns, auf dem Weg zu einer Mädchenschule auf dem Lande. Auf den Bergrücken am Stadtrand von Kabul entstehen in Terrassen die neuen Stadtteile, Trabantenstädte, die sich die Namen von Kommandanten geben. Einige von ihnen möchten sich selbständig machen, nicht »Kabul« heißen. Sie erheben sich isoliert zwischen Feldern, bloße Weiler manchmal, Haufendörfer im Werden. Während die Schafe auf der abgehäuteten Fläche des Baulands weiden, durchwühlen die Hirten die Müllcontainer.

Die Kriegsgeschichte dominiert immer noch jeden Blick. Die Folgen des Raketenbeschusses sind überall sichtbar. Ruinen ragen auf, ausgebrannte Panzer liegen gestrandet, schweres Gerät säumt die Fahrbahn. Selbst die Straßenarbeiter stehen im Graben, die Schaufeln wie Waffen haltend. Und Kinder lehnen an der Hauswand, gespenstisch erwachsen, in Posen, die sie den Kriegern abschauten. Ihr Leben haben sie dem Tod abgetrotzt und es noch nicht restlos gewonnen.

Um die Läden und Märkte, die eigentlichen Verkehrskreuzungspunkte, organisiert sich der Alltag in einer Art Ordnung. Der Rest ist Improvisation, und improvisiert

ist auch der Verkehr. Ist eine Straße vierspurig, wird sie achtspurig befahren, aber die Spuren alternieren. Von ihren Flanken und Rückseiten schicken die Fahrzeuge Botschaften in die Welt: Ein aufgemalter Tiger und ein Löwe, die sich zur Versöhnung die Pranken reichen, darunter in Worten: »We born to live. We live to love. We love to suffer. We suffer to die.«

Weiter draußen liegen die Nomadensiedlungen. Die Ziegeleien arbeiten, Baumaterial wird hergestellt und vertrieben. Nur das Holz muss noch aus Pakistan und Russland importiert werden, zu schwach und teuer ist die heimische Holzwirtschaft.

An den Fernstraßen zwischen den Dörfern: Kontrollposten überall. Ob man durch diese Sperren je Selbstmordattentäter gefasst habe, will ich von unserem Fahrer Nabil wissen.

»O ja, viele.«

»Sicher?«

»Das Fernsehen zeigt es doch dauernd. Gerade wurde Sprengstoff in einer Waschmittelverpackung gefunden. In Bagram hat man acht Selbstmordattentäter verhaftet. Man hat sie getötet. Einen anderen hat der Präsident in die Türkei geschickt zum Studieren. Er ist zurückgekommen und hat noch mehr Menschen umgebracht.«

Wir verlassen die asphaltierte Straße, schlängeln uns mit den Feldwegen zwischen den Dörfern durch, wo es wie in der Stadt die Kultur der Dächer gab, Dächer, auf denen auch hier Musik gespielt wurde und sich die Liebenden zum Essen versammelten. Auch Drachen zappeln im Spätsommerwind. Schon viele Kilometer vor der Schule sieht man die Kinder wieselflink daherkommen. Oft tragen die Mädchen Flipflops, Sandalen mit Riemchen, auch staubige Lackschuhe mit zerfetzten Absätzen. Denen, die barfuß kommen, zahlt die Schule im Winter Plastikschuhe. Die Mädchen spazieren nicht, nein, die Geschwister nehmen einander wechselseitig unter die Fittiche und stürmen mit raumgreifenden Schritten über das Land. Oft wissen sie viel über Heilpflanzen, fahren auch das Viehfutter ein, organisieren die Feldarbeit. Einige von ihnen haben einen täglichen Schulweg von zwei Stunden – kein Wunder in einer Gegend, in der es nur eine Schule für 22 Dörfer gibt.

Auch die Schülerinnen werden, bevor sie das Gebäude betreten dürfen, »durchgefilzt«, wie Nadia es nennt. Die Lehrerin für die Jüngsten ist neunzehn, studiert parallel in Kabul Islamisches Recht und will einmal Staatsanwältin werden, um sich für die Rechte der Frauen einzusetzen. Ihr Bruder, ein Jahr älter als sie, bewarb sich gleichzeitig mit ihr um einen Studienplatz. Genommen aber wurde nur sie, und stolz berichtet sie, wie ihr Bruder sagte: »Gut, dass du es bist, die es geschafft hat. Du hast es schwerer als Frau.«

Wenn die jüngsten Schülerinnen antworten sollen, führen sie die Hand an den Mund, winden sich, verbergen ihr Gesicht vor Scheu, sie selbst zu sein. Ich stelle die einfachen, anschaulichen Fragen aus der Mitte ihres täglichen Lebens. Ihren Tagesablauf skizziert Suleikha ernst:

»Um vier Uhr stehe ich auf, bete, mache einen Arbeitsplan, kümmere mich um die Weintrauben, dann um den Haushalt, räume mein Zimmer auf, bereite das Frühstück

zu und gehe zur Schule. Wenn ich heimkehre, wartet viel Arbeit auf mich, auch im Garten, auf dem Feld, auch mit dem Vieh, meine Hausaufgaben kann ich erst abends machen vor dem Schlafengehen.«

»Und seht ihr die neue afghanische Castingshow?«

Die Schülerinnen sagen, ja, »Afghan Star« haben sie schon mal gesehen, aber sie mögen es nicht. Dann lachen sie, denn sie glauben sich selbst nicht.

Fatima ist sechs Jahre alt.

»Habt ihr Vieh?«

»Ja, ein Huhn.«

Die Älteste in dieser ersten Klasse ist elf Jahre alt und möchte Ärztin werden.

»Keine Sängerin? Keine Schauspielerin?«

»Nein, das sind unehrenhafte Berufe. Privat kann man das machen, aber ein Beruf ist das nicht.«

Einige wünschen sich eines Tages als Hebammen zu arbeiten. Eine findet, der beste Beruf sei Hirtin. Zehn der kleinen Mädchen wären gerne Zoodirektorin, aber als ich frage, wer schon einmal im Zoo war, hebt sich kein Finger, und das liebste Tier ist ihnen immer noch das Schaf.

»Habt ihr Tiere zu Hause?«, frage ich ein Mädchen.

»Ja, einen Jungen«, sagt sie, und die Klasse lacht minutenlang.

»Und wann haben die Mäuse deine Zähne gefressen?«, will Nadia von der mit den Milchzahnlücken wissen: Sie schlägt die Hand vor das Gesicht. Gerade war Eid, das Fest des Fastenbrechens, die Handteller sind mit Henna gefärbt, die Nägel lackiert. Andere Mädchen mögen vor allem ihre Tauben und Brieftauben, und wenn sie je frei-

haben, liegen sie am liebsten in der Katzenschaukel. So wenig geläufig auch hier das Wort »spielen« ist, sie haben doch davon reden hören. Die kleine Rubina kennt zwei solcher Spiele: »Verstecken« und »Fangen«.

In der nächsten Klasse wird gerade Mathematik unterrichtet. Die Lehrerin behauptet, die Kinder liebten den Unterricht. Und wirklich, alle kommen gerne an die Tafel und lesen vor, Silbe für Silbe, manche kaum hörbar.

»Sag es mit fester Stimme«, ermuntert die Lehrerin, und es ist, als meinte sie damit die Rolle des Mädchens im Leben. Ihre eigene Rolle ist ja nicht anders. Es ist schwer, auf dem Land Lehrer zu finden. Die Bezahlung ist dürftig, und welche Frau in diesen Dörfern könnte schon Mathematik unterrichten? Die Unterstützung der Eltern bei den Hausaufgaben fehlt, die meisten sind Analphabeten. Umgekehrt gehen die Kinder nicht selten heim und geben ihr Wissen an die Eltern weiter, bringen ihnen das Schreiben bei, lesen ihnen aus der Zeitung vor oder erklären ihnen sogar, was diese oder jene Nachricht für sie persönlich bedeuten könnte. Ja, es ist sichtbar, die Kinder lieben den Unterricht und dabei auch den Wettbewerb.

Ihr eigener Vater hat die Ausbildung der Lehrerin immer unterstützt. Er hat ihr gesagt: »Du musst das Niveau der Schule hochhalten. Das ist deine Aufgabe im Leben.« Diesem Satz fühlt sie sich ehern verpflichtet, vertritt ihn mit Strenge. Probleme gab es nur, sagt sie, als man die Mädchen gemeinsam mit den Jungen unterrichten wollte. Aber als man sie trennte, schickten die Eltern die Kinder gern. Doch immer noch ist leider der Bedarf an Schulen weit höher als die Kapazitäten.

»Eine Mutter«, so erzählt eine Schulleiterin, »hat sogar vorgeschlagen, eigenhändig einen Stuhl für ihre Tochter mitzubringen. Doch leider: Tische und Stühle haben wir durchaus, was fehlt, ist der Platz.« Dann erzählt sie, wie eine Großmutter zur Schule kam, um den Wunsch des Sohnes zur Sprache zu bringen: Er wolle seiner jungen Frau den Schulbesuch ermöglichen.

Im Rechenunterricht der ersten Klasse beweisen die Schüler, dass sie bis 78 zählen können. Bei 78 ist erst mal Schluss, aber sie strahlen, als ahnten sie schon die Freuden der Zahlenwelt jenseits der 78. Jetzt fährt die Lehrerin mit dem Lineal Ziffer für Ziffer ab. Die Klasse psalmodiert mit. Ein Mädchen schielt, eines ist ein Nomadenkind und wird am Abend in einem Zelt verschwinden, eines sitzt ganz windschief. Erst als es an die Tafel geht, erkennt man, dass es nur einen Arm unter dem Umhang hat. Sieben Jahre war Massouda alt, als sie den linken Arm bei einer Bombardierung verlor. Dass sie keinen Vater hat, sagt sie lächelnd, damit man ihrem Gesicht dabei nicht auf den Grund sehen kann. An ihr ist nun alles schief. Sie geht nicht nur schief, selbst ihr Lächeln ist schief.

Langsam, langsam entsteht unter den zögernden Fingern der Kleinen an der Tafel die Zahl 75. Es sieht aus, als wage sich die Schülerin ins tiefe Wasser. Erst ein Haken, dann ein Kreis, ein Kästchen, mit dem Finger zählt sie die Sieben nach.

»Größer, damit alle es sehen können!«, ermuntert die Lehrerin. »Lauter, damit alle es hören können!« Sie spricht in Anweisungen, ohne didaktischen Aufwand, mit eingestreutem Lob und mit Ermahnungen:

»Fatima, nicht einschlafen! Man muss aufpassen im Unterricht. Sehr gut! – Erkläre es mal für deine Klassenkameradinnen! Gut.«

Die Lehrerin ist nebenher nicht weniger als Seelsorgerin, und oft kommen die Kinder mit persönlichen Fragen. Sie sind besetzt mit Schrecken und Zwangsvorstellungen. Ihre Trauer und Verstörung zeigt sich bei den Mädchen in Unkonzentriertheit, bei den Jungen in Aggression. Immer fehlt etwas, der Vater fehlt, der Onkel, der Bruder, die Familie ist beschädigt.

Im Unterricht wechselt die Lehrerin zwischen Dari und Paschtu. Sie denkt sich didaktische Kniffe aus, doch eigentlich fehlen ihr Lehrmittel, um den Frontalunterricht brechen zu können. Heute nimmt sie Geldscheine zu Hilfe.

»Sie sehen«, erläutert sie mir, »die Kinder erkennen die Zahlen nicht nur an der Tafel, sie lesen sie auch vom Geld ab.«

Eine Banknote nach der anderen hebt sie hoch. Die Klasse nennt die Summen im Chor. Es herrscht eine Atmosphäre des Ernstes und der Schüchternheit. Aus dem Klassenfenster schweifen die Kinderblicke manchmal in die Weite der grünen Landschaft. Davor aber liegt die Schulmauer, gesäumt von Nato-Draht, dahinter, auf der nächsten Sandkuppe, lagert ein großes Zelt. Eben treiben Nomadenkinder zwei Kühe vorüber. Niemand schaut neidisch.

Der Geschichtslehrer nimmt heute den Strom durch. Er sagt:

»In hohen Gebäuden braucht man eine Rolltreppe, betrie-

ben durch Strom. Auch für Licht und Computer benötigen wir Strom. Wir benutzen ihn seit König Habibullah, doch damals gab es nur neunzig Kilowatt in Dschalalabad. Heute ist Strom die wichtigste Energiequelle in Afghanistan. Ein andermal sage ich euch andere Energiequellen. Wer kann jetzt über die Wichtigkeit des Stroms sprechen?«

Ein Mädchen meldet sich:

»Im Namen Gottes, Strom ist die wichtigste Energiequelle Afghanistans. Sie existierte schon zu Zeiten König Habibullahs.«

»Gab es sie für alle?«

»Nein, nur für den König und seine Berater.«

»Sag zwei elektronische Geräte!«

»Rolltreppen und Computer.«

»Gut. Eure Hausaufgabe: Sagt mir alles über die Bedeutung des Stroms.«

Immerhin, die meisten in der Klasse verfügen daheim dank der Solaranlagen wirklich über Strom und elektrische Beleuchtung. Selbst ein Wasserkraftwerk existiert in der Gegend. Im Gespräch mit dem jungen Lehrer mit seinem schwarzen Bart meint man noch die Stimmen der Schüler durchzuhören. Er ist ein Idealist und versteht seine Bildungsarbeit als Beitrag zur Zukunft des Landes:

»Ich bin daran interessiert, dass wir eine gute Regierung bekommen und einen guten Präsidenten.«

»Und wenn es eine Präsidentin wäre?«

Er antwortet ohne Zögern: »Warum nicht?«

Ich bin einen Tag lang von Klasse zu Klasse gezogen, habe den Unterricht in verschiedenen Fächern und Altersstufen verfolgt, die Mädchen gesprochen, die mir ihre

Zeichnungen geschickt haben. Nun gehe ich durch ihre Bilder, die neuen aus den letzten Monaten, die älteren, die schon vor Jahren entstanden.

Blickt man auf die beiden Extreme, so findet man die Zeichnerinnen vor dieser Alternative: Entweder sie machen den Versuch, in ihren Bildern eine Ordnung herzustellen, am besten mit Filzstift und Lineal und so akribisch, als könnten sie das Chaos in Strukturen bannen. Oder aber sie richten auf ihrem Blatt eine Schweinerei an, mit verfließenden Konturen, verzerrten Proportionen, Überschneidungen und Ballungen der Motive. Meistens sind dies die Bilder, auf denen Flugzeuge mit herausfallenden Bomben die Landschaft beschatten, wo Fahnen im Himmel stehen und das Licht rauben, wo Menschen aus dem Haus fliehen. Wo Erschossene zu sehen sind, bei denen die Eingeweide hervorquellen und nur das Herz und die Wunde rot bluten.

Doch auf so manchem Blatt sind auch alle Dinge gleichzeitig da: Es kommen Flugzeuge durch die Luft, Nomadenzelte lagern in der Ebene, die Sonne passt so eben zwischen die Berggipfel. Es gibt Skizzen drogensüchtiger Eltern neben Studien zum Aussehen der Mohnkapsel, es gibt Folter und Erschießungen, aber die Blumen und die Tiere, das in sich geschlossene Dorf oder die versammelte Familie, sie sind die Rückzugsgebiete des Friedens, des Lebens mit der Natur, der Liebe zur Landschaft. Auch Kinderspiele sind zu sehen, seilspringende Mädchen, ballspielende Jungen. Steifbeinige Tiere grasen auf den Wiesen, und die Familien schließen sich zu Gruppen wie in einem Kokon, geschützt von Mauern oder den Armen des

ROS MARIS
HOTELS

HVALA LJEPA -
PREMEHITA GOSPODO.
VI STE MI
UYJEPŠALI POSAO
SOBARICE.
[illegible] ZK ĆU SE UPIS
[illegible] INTI.
[illegible]

Vaters. Oft sieht man auch Gewehre, die durchgestrichen und von Friedenstauben oder Schreibfedern (für »Bildung«) flankiert werden.

Manchmal haben die Kinder ihren Illustrationen einzelne Sätze mitgegeben wie: »Die Frau ist unglücklich, dass der Mann drogenabhängig ist, und die Vögel beobachten dies alles.« – »Wasser ist Leben, und dies sollte fließend sein.« – »Wir halten Vieh, wir sind mittellos. Wir passen auf Ziegen, Kühe und Schafe auf und ernten Weizen. Davon leben wir. Wir bekommen das Schreinern, die Arbeit in der Landwirtschaft und das Mähen mit der Sense beigebracht. Wir kaufen von dem Geld alles für den täglichen Bedarf und Schulsachen.«

Diese Zeichnungen stecken voller Details, wo sie das dörfliche und das häusliche Leben schildern, die Spiele, die Einrichtung der Zimmer, das Tiere-Hüten, das Leben zwischen Nomadenzelten. Sie geben dem Schönen manchmal überdimensionale Proportionen, wenn Blütenkelche und Schmetterlinge im Firmament schaukeln, größer als alles auf Erden. Aber sie verraten auch das Monstrum der Katastrophe, als die das Unglück über das Kinderleben gekommen ist. Auf manchen Bildern ist die Wucht der Zerstörung durch Bomben und Attentate so roh, dass statt einer Zeichnung Runen zu sehen sind, Kürzel und Piktogramme. Mal ist das Blut ein verschmierter Fleck inmitten der Andeutung einer Siedlung in Graphit, mal haben Bomben alles – Mauern, Werkzeuge, Bäume und Zäune zerstückt. Man kann sehen, wie die Flugzeuge ihre Bombenfracht abwerfen und das Land mit Zerstörung überziehen. Man kann erkennen, wie bei Attentaten den

Opfern die Gliedmaßen abgerissen werden. Man kann sogar Waffentechnologie und die Topographie von Schauplätzen und Tatorten identifizieren. Diese Kinder malen immer auch als Augenzeugen, unbeholfen vielleicht, aber zugleich schrecklich präzise in den Details.

Manche diese Bilder sind von einer schaurigen Genauigkeit, gemalt unter dem Diktat des Schreckens, der sie aus der Erinnerung abmalt. Es wäre einfach zu sagen, dass diese Zeichnungen traumatische Schocks bearbeiten. Es gibt in Afghanistan kaum irgendwo eine Diagnosestelle und fast keine therapeutischen Initiativen für vermeintliche Luxus-Erkrankungen wie die Belastung durch ein Trauma. Aber das ändert nichts daran, dass man Kindern mit tiefen Spuren der Verwirrung häufig begegnet und zusieht, wie sie allenfalls in die Obhut des Schamgefühls genommen werden.

Ich habe Kinder gesehen, die fast nackt durch die herbstliche Landschaft irrten, solche, die unverständlich oder stumpfsinnig geworden waren oder solche, die sich ein zweites Zuhause am Fluss geschaffen hatten, wo sie zu den Tieren der freien Natur ein zärtliches Verhältnis pflegten, wie sie es außerhalb dieses Rückzugsortes vielleicht nicht kannten. In die Gesichter dieser Kinder hatte sich manchmal die Erfahrung von Greisen eingegraben. Mit ihren igelartig hochstehenden Frisuren, ihrer vom Schlafen im Freien gegerbten Haut, mit ihrem staubgefirnissten Teint, den Tränensäcken, die hingen wie bei Alten, und diesem Lebenshunger, der ihren Gesichtern Vitalität und grenzenlose Neugier gab, waren sie schiefgewachsene Menschen, solche, die wenig Nutzloses ge-

tan hatten im Leben, aber viel von dem sehen und erleiden mussten, was in der westlichen Welt ganzen Generationen erspart geblieben ist.

Eng und fremd geworden sind vor allem die Lebensräume der Nomaden, denen die Politik, der Krieg, die Klimaveränderung, die Stammeskonflikte ihre Existenzgrundlagen nahmen. Aus dem nahen Zeltdorf tapst ein Kind heran. Mit einer Flickenpuppe im Arm, sieht es selbst aus wie eine Flickenpuppe. Doch nein, es liegt keine Puppe im Arm, es ist ein Baby mit Henna-Flaum und geschminkten Augen. Gerade hat das Schaf zu seinen Füßen zu niesen begonnen. Das Kind klopft ihm auf den staubigen Hintern, bis es still ist und muffig davontrabt. Da blickt das Kind mit seinem verrunzelten Gesicht triumphierend auf.

Wird es je einen Lehrer haben? Der müsste sich den Nomaden anschließen, ihr hartes Leben teilen. Oder die Nomaden müssten ihre Lebensform aufgeben, in diesen Zeltdörfern bleiben mit ihrem Elend, ihren Konflikten, ihrer Arbeitslosigkeit. Nein, nicht einmal die Hilfsorganisationen, sagt der Ortsvorsteher, helfen den Nomaden. Und dann treten ihre Kinder aus den Zeltsiedlungen, tragen einen Wollpullover mit der Aufschrift »Yes, Mum« oder »Bondi Beach« und darüber ihre traditionell goldbestickten Westen. Frierend drücken sie sich an das frierende Vieh, und wenn nach einigen kalten Nächten Gewitter heruntergehen, drängen sich alle noch enger zusammen, um eine Wärme, die sie sich nur wechselseitig geben können.

Morgens aber laufen einige Nomadenkinder für ein paar Stunden in die nächstgelegene Schule. Anschließend

arbeiten manche von ihnen im Straßenbau, und selbst die ältesten Stammesangehörigen sammeln noch Früchte oder Walnüsse oder trockenen Dung zum Verfeuern. Die Gesichter dieser zahnlosen Alten sind reine Graphik, aus Strichen zusammengesetzt. Kaum sind sie in ihrem Zelt, verschwinden sie unter einer Decke. Säcke mit Getreide stehen da, mit Brennmaterial. Blechgeschirr baumelt vom First, jeder Gegenstand ist in einer langen Gebrauchsgeschichte stumpf geworden und erzählt. Schließlich nimmt der Alte eine Decke und breitet sie selbst über die Kälber.

Die Kinder stehen händeringend vor ihrem Dorfeingang und schauen. Hält man ihren Blick fest, dann lachen sie über die eigene Neugier. In das Weichprofil ihrer Welt haben sich Bombenabwürfe und Raketenbeschuss, Vergewaltigungen, Folter und Morde eingedrückt. Heckenschützen haben gewartet, Späher haben Häuser auf der Suche nach Versteckten durchkämmt, Marodierende haben zerstört, Soldatentrupps Bauwerke gestürmt und verwüstet, Frauen haben geschrien, Kameraden das Weite gesucht, Bunker gegraben, Verstecke eingerichtet. Jede denkbare Konstellation kann wiederkommen. Es ist alles noch zu frisch. Die Gewalt ist nicht Vergangenheit, ist nicht archaisch, nicht Entertainment, nicht Kultus. Sie ist nur für ein paar Tage nicht hierhergekommen, und wir reden schon von Frieden.

Im Norden überquerten wir einmal den »Drei-Wasser-Fluss«, passierten die Reisterrassen, die Okra-Felder, die Mulden, in denen am schmalen Wasserlauf Kamele und Schafe getränkt wurden. Wir bogen in Staubstraßen ein,

ایمان واسلام
دری
هشتم

ا ب پ ت
ث ج چ
کتاب

auf denen kleine Mädchen zur Schule liefen, und auch wir waren auf dem Weg zu dieser Schule, die heute achthundert Kinder aus zwölf Dörfern aufnimmt. Alle diese Kinder müssen in der Landwirtschaft mithelfen, dem Vater sein Essen aufs Feld bringen, die Tiere versorgen. Manche gehen eine volle Stunde, bis sie das Schild erreicht haben, das am Schuleingang steht und die Inschrift trägt: »Wissen und Können bringen den Menschen weiter.«

In Deutschland behauptet der Minister für wirtschaftliche Zusammenarbeit gemeinsam mit dem Verteidigungsminister, solche Projekte könnten nur existieren, weil sie unter dem Schutz der alliierten Truppen stünden. Doch dies Schulprojekt genießt, wie alle anderen, die ich besuchte, keinen Schutz, keine finanzielle Unterstützung von offiziellen Stellen, schon gar nicht aus Deutschland, und auch die Expertise derer, die hier seit Jahrzehnten humanitäre Arbeit leisten, wurde von der internationalen Gemeinschaft der Militärs noch nie gesucht. Nur einmal hat ein Querschläger der amerikanischen Truppen das Dach beschädigt, und den Eltern, die ihre Mädchen erst nicht in die Schule schicken wollten aus Angst vor den Taliban, musste nun erklärt werden, dass sie sie auch nicht aus Angst vor den Alliierten daheimlassen dürften.

In den Klassen herrschte Disziplin, so altmodisch wie fremd. Alle erhoben sich, sobald jemand die Klasse betrat. Die Schüler antworteten chorisch auf einen Gruß, versagten sich jedes Flüstern, jedes Lachen. Ganz Auge, ganz gespannte Aufmerksamkeit waren sie, und die an der Tafel schwangen mit dem Zeigestock von Zeichen zu Zeichen und lasen die Verse laut und deutlich.

Es hing ein Hygiene-Plakat an der Wand, auch eine Tafel mit den Abbildungen von Minen, der Stundenplan. Ein kleiner Junge in Blouson und mit Käppi trug ernst und selbstbewusst seine Hausaufgabe vor, der nächste stockte bei dem Satz »Wenn du den Menschen respektierst, wirst du vom Menschen respektiert« und musste, ganz bleich im kleinen Gesicht, an seinen Platz zurück.

»Wer von euch kann lesen?«

Alle Finger flogen hoch.

»Und wie alt bist du?«, fragte ich die Schmächtigste der Klasse. Sie schaute, als habe sie gerade diese Lektion nicht vorbereitet, sie wusste es nicht. Aber der Lehrer näherte sich, fasste ihr in den Mund und betrachtete den Zahnstand:

»Sie wird etwa acht Jahre alt sein.«

Die Kinder sprechen von der Alphabetisierung, als sei sie ein Beruf. Ihr Wissenshunger ist brennend, ihre Vorstellung vom eigenen Leben ist voller Verantwortung für die Entwicklung Afghanistans. Sie sind stolz, auch weil sie auf Hilfe am liebsten verzichten möchten. Sie sind eigenverantwortlich, fühlt sich doch jede und jeder offenbar bereits im Kindesalter verpflichtet, das eigene Land zu unterstützen, und sie ehren den Zusammenhalt der Familie.

Gewiss kann man in manchem Punkt die Rede der Eltern und Lehrer durchhören, und auch wo von der Entwaffnung, der Befreiung von den Besatzern, der Beilegung von Stammeskonflikten die Rede ist, klingen erwachsene Stimmen nach. Anderseits setzt in Afghanistan die Er-

School

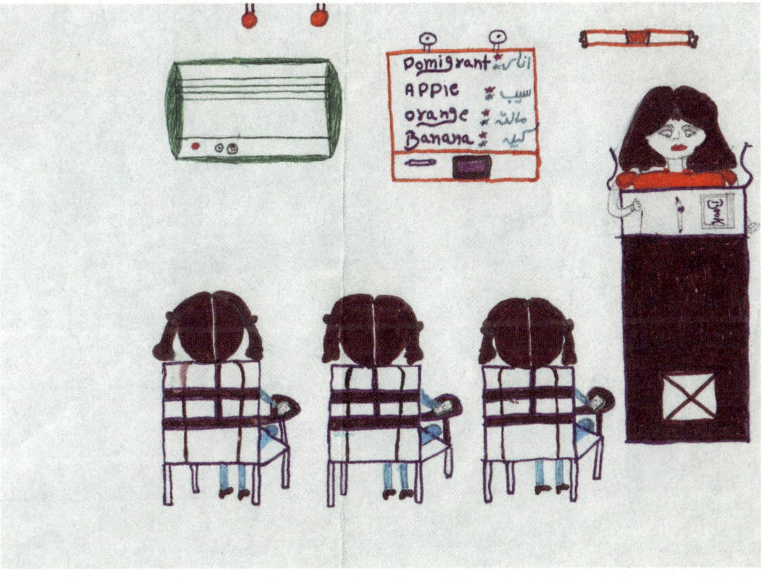
Domigrant
APPle
سیب
orange
Banana
Book

Book
Book

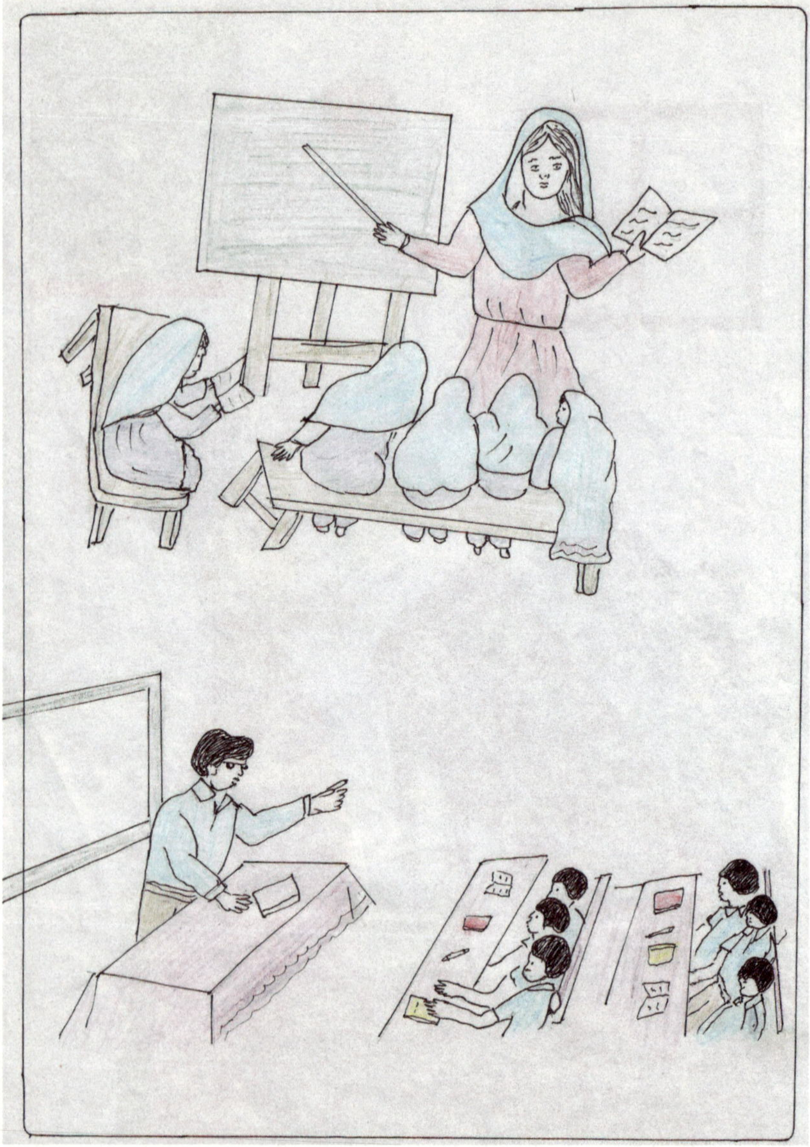

ziehung zur Mündigkeit mit der unmittelbaren persönlichen Erfahrung der Kinder ein, und so ist es vermutlich kein Zufall, dass ich in keinem Land eine so entwickelte politische Bildung bei jungen Menschen erlebte wie gerade hier.

Warum? Ein alter Familienvater erklärte es aus dem Fundus des Leidens, das man doch irgendwie begründen, in einen Zusammenhang, mit Gesichtern und Verhältnissen in Beziehung setzen müsse. Dass sie immer noch im Krieg stehen, sagt er, dass sie gekämpft haben, ja, aber aus »Notwehr«. Denn nicht sie hätten diese Politik gewählt, sondern die Politik habe entschieden, dass das afghanische Volk zwischen den Interessen anderer zerrieben werden sollte. Alles Weitere folge daraus. Die humanitäre Hilfe müsse jetzt strukturell denken. Der Ausbau der Wasserversorgung sei wichtig, gewiss, der Bau von Unterkünften für heimgekehrte Familien und Witwen-Programme müsse vorangetrieben, aber vor allem müssten Schulen für Mädchen errichtet werden, die früher keinen Zugang zur Bildung gehabt hätten.

Wo diese Kinder ausdrücklich von Krieg und Frieden schreiben, klingt es so:

»Ich hasse den Krieg und den Brudermord. O wie ich mir wünsche, dass man alle Waffen von meinem Land wegnimmt und unsere Landsleute wie Brüder miteinander befreundet sind und sich umeinander kümmern, dass sie nicht mehr streiten sollten.«

»Frieden kommt, wenn Ruhe und Frieden bei der Bevölkerung herrschen, wenn Straßen gut ausgebaut sind und Autofahrer nicht die Fußgänger umbringen.«

»Frieden kommt nach Afghanistan, wenn alle Schultore für Mädchen und Jungen geöffnet sind. Ich wünsche mir, dass wir frei und unabhängig sind und unser Land nicht mehr von fremden Mächten besetzt ist.«

Die vierzehnjährige Fahima ordnet ihre Wünsche zu einem Prosagedicht:

»Meine Hoffnung, dass dieser Friedensvogel in ganz Afghanistan fliegt.
Diese Hoffnung wird realisiert, wenn:
Alle Zugang zur Bildung haben, ob sie arm sind oder reich,
Kein persönlicher Egoismus besteht bei keinem einzigen Menschen,
Die Worte ›dein‹ und ›mein‹ nicht mehr existieren,
Niemand nur darauf wartet, dass etwas geschieht, und sagt, ›das ist nicht meine Aufgabe‹,
Feindschaft und Hass nicht mehr existieren.
Dann besteht die Möglichkeit, dass die Friedenstaube glücklich über Afghanistan fliegt.«

Ein anderes Mädchen fasst seine Erfahrungen lieber in erzählende Prosa und titelt: »Eine afghanische Geschichte. Als es keine Schule gab, haben wir die Kühe auf die Weide gebracht. Es war Krieg, und jeder hat jeden umgebracht. Keiner fragte, was dieses Töten bedeutet. Sie kannten keine Schule und wussten nicht, was Wissen ist, und kannten nicht die Feder. Und jetzt gehen wir zur Schule, statt Kühe auf die Weide zu bringen. Und ich weiß, was Schule ist, was Wissen ist, was eine Feder ist. Und jetzt versuche ich, durch dieses Wissen das Töten zu vernichten und zu erreichen, dass Friede in meinem Land herrscht.«

So schlicht, naiv oder rührselig für abgebrühte Ohren solche Zeilen auch klingen mögen, hier malen und schreiben Kinder, die zu keinem Zeitpunkt ihres Lebens das erlebt haben, was den Namen »Frieden« verdient – keinen gefahrlosen Alltag, keine Sicherheit des Schulwegs oder -aufenthalts, kein ungefährdetes Familienleben, keine gesicherte Zukunft. Auch die Wünsche der Kinder haben einen einzigen Fluchtpunkt, ihre Rhetorik hat ein einziges wiederkehrendes Motiv: dass Frieden sei, und dies bleibt die Grundvoraussetzung für alle anderen Bilder eines glücklichen Lebens. Die Siebtklässlerin Minija Abdulschukur beschreibt ihren Alltag:

»Wir sind zwölf Personen in meiner Familie. Wenn ich morgens aufwache, bete ich zuerst. Anschließend gehe ich in die Moschee, dann frühstücke ich und mache mich auf den Schulweg. Danach erledige ich die Hausarbeiten. Nachmittags bringe ich die Kuh zur Weide. In der Nacht lerne ich unter der Öllampe. Ich habe keine glücklichen Erinnerungen an mein Leben. Das einzig Schöne ist, dass ich Schülerin bin. Ich liebe den Frieden.«

Oder: »Ich heiße Qajamudin Khan Mir und bin im sechsten Schuljahr der Schule in Kunduz. Meine Lebensgeschichte kann ich so beschreiben, dass mein Vater sehr arm war. Wir stammen aus einer Bauernfamilie. Eines Tages ist mein Vater auf den Basar gegangen, um eine Kuh zu kaufen. Mein zwölfjähriger Bruder war bei ihm. Als sie zurückkamen und sich mit der Kuh unserem Dorf Kalai Gau näherten, kam ein Mann mit einer Waffe und erschoss

school- Roshani private high school

meinen Vater. Mein Bruder sagte zu ihm: ›Ich kenne dich‹, und da brachte er auch ihn um. Nun sieht mein Leben so aus: Nachdem ich aufgestanden bin, bete ich und füttere die Kuh. Ich habe ein schwarzes Leben, denn der Druck lastet sehr auf mir, und ich finde nur wenig Zeit zum Lernen. Aber was soll ich machen, ich habe keine andere Wahl. Ich bin gezwungen, diesen Druck zu ertragen. Obwohl das Leben schwer ist, ist mir die Schule das Wichtigste. Obwohl unsere Schule sehr weit entfernt ist und es sehr heiß ist, gehe ich am liebsten zur Schule, weil sie mir so wichtig ist. Aber oft bin ich müde und erschöpft, so dass ich in der Klasse sehr oft einschlafe. Weil wir sehr mittellos sind, haben wir kein Fett und essen Brot mit Tee. Alles ist sehr teuer geworden. Wenn ich Weizen kaufe, bleibt kein Geld für Obst und Fleisch. Wir sind nicht in der Lage, das zu kaufen, nicht mal einmal im Monat. So, das ist mein Leben, das ich Ihnen aufgeschrieben habe. Mit Respekt, Qajamudin Khan Mir aus Kunduz.«

Oder: »Ich heiße Matiullah und gehe zur Schule. Letztes Jahr konnte ich nicht zur Schule gehen, weil Krieg war, und ich möchte nicht, dass es Krieg gibt, sondern Frieden. Ich wünsche mir, dass mein Land aufgebaut wird. Ich, Matiullah.«

»Ich heiße Zahra und gehe ins siebte Schuljahr. Wie kommt Frieden zustande? Friede heißt Brüderlichkeit und Gleichheit. Frieden kommt dann zustande, wenn sich alle Hand in Hand miteinander zusammentun. In einer friedlichen Atmosphäre können die Kinder unseres Landes eine gute Ausbildung genießen. In einer friedlichen

Atmosphäre können die Bauern die Landwirtschaft richtig betreiben, und die Pflanzen können gedeihen, die Kinder zur Schule gehen. Dies alles kann geschehen, wenn man zusammenhält.«

»Ich bin Schabnam. Wenn ich mich genau erinnere, war ich sechs, als meine Eltern mich zur Schule brachten. Der Name der Schule war Noswan Khojaali. Ein Jahr nach meiner Einschulung haben sie eine Bombe in die Schule gelegt, meine Mutter nahm mich heraus, und ich hatte kein Interesse mehr an dieser Schule. Meine Mutter sagte: ›Geh zur Roschani-Schule!‹ Erst wollte ich nicht, ich dachte immer, dass sie wieder Bomben legen werden. Aber meine Mutter tröstete mich, und ich kam in das zweite Schuljahr und wurde neun Jahre. Unsere Lehrerin heißt Mahbuba Jan. Dann kam ich in die dritte, vierte und danach in die sechste und siebte Klasse. Eines Tages, als ich daheim war, sah ich, wie meine Mutter kochte. Sie sagte zu mir: ›Gib mir das Salz‹, und da die Waschpulverflasche und der Salzbehälter einander ähnelten, gab ich ihr versehentlich Waschpulver statt Salz. Meine Mutter merkte es nicht und tat es in den Topf. Als sie es dann abschmeckte, merkte sie es doch, wurde böse auf mich und warf das ganze Essen weg. Das war für mich eine ganz interessante Erfahrung. Jetzt lerne ich viel, und mein Vater und meine Geschwister unterstützen mich sehr. Darum bin ich die Erste in der Klasse und wünsche mir, dass ich die Schule beenden und meinem Land dienen kann. Schabnam, siebtes Schuljahr.«

Eine Schulangestellte schreibt nicht von sich, stattdessen erzählt sie eine Anekdote, um zu verdeutlichen,

School

wie leidenschaftlich einzelne Schülerinnen am Unterricht hängen: »Ich bin Khatera Akbari, die Aufpasserin der ersten Klasse. Als ich eines Tages die Sauberkeit der Schülerinnen kontrollieren wollte, sah ich, dass die Hände einer Schülerin sehr trocken und aufgerissen waren. Ich stellte sie deswegen zur Rede. Sie sagte mir, dass sie nachmittags das Papier und den Müll von den Straßen wegräumt. Von dem Verkauf des Papiers bezahlt ihre Mutter die Lehrmittel für den Unterricht. Ich wurde sehr traurig und bewunderte sie. Anstatt umsonst an das Material zu kommen, gibt sie sich viel Mühe, um es kaufen zu können. Dabei ist sie fleißig und lernt gut in der Schule. Sie will Ärztin werden, um ihrem Land zu helfen.«

Bezeichnend für viele Kinder ist auch, welche Bedeutung sie der Schule geben, für die Familie und für das Land. Ganz schlicht sagt es Scharifa: »Ich bin Schülerin des sechsten Schuljahrs der Khazani-Schule. Als ich im fünften Schuljahr war, wurde unsere Schule geschlossen, ich konnte nicht mehr zum Unterricht gehen und war sehr traurig, habe im Haushalt oder auf dem Feld meinem Vater, der Bauer ist, geholfen. Es war schrecklich für mich, und ich sah meine Zukunft dunkel, konnte nicht mehr lernen und weinte. Meine Mutter hat mich getröstet und gesagt: Bete, mein Kind, damit Frieden in unser Land kommt und du wieder zur Schule gehen kannst. Ich möchte nicht, dass du Analphabetin wirst wie ich. Dann, Gott sei Dank, wurde unsere Schule geöffnet, und ich konnte mit meinen Klassenkameraden wieder zum Unterricht gehen. Scharifa.«

Ihre gleichaltrige Klassenkameradin Hasina setzt hinzu:

»Unsere große Angst sind insbesondere der Krieg und Menschen, die gegen Wissen und Bildung sind. Manche Nächte sage ich mir im Schlaf, hoffentlich werden sie nicht unsere Schule in Brand setzen.«

Ganz selbstverständlich wird in den meisten Schreiben der Kinder die Schule als Stätte der Erziehung zum Frieden angesehen. Krieg und Bildung schließen einander aus, so wie die Entwicklung der Humanität ohne Aufklärung undenkbar bleibt. »Wenn es keine Schule gäbe«, betitelt der Junge Kasim seinen Text: »Wenn es keine Schule gäbe, wäre unser Leben und unsere Zukunft zerstört. Unsere Straßen wären zerstört, und die Ärzte wären nicht da. Wenn es keine Schule gäbe, würden Unwissenheit und Dummheit herrschen. Es gäbe immer Krieg, und unsere Häuser wären Ruinen. Wir hätten keinen Beruf und hätten nichts gelernt. Wenn es keine Schule gäbe, wären wir wie die Schafe ziellos in der Steppe unterwegs und würden uns wünschen, es gäbe eine Schule. In so einem Zustand habe ich geweint und mir gewünscht, mein Land wäre aufgebaut. Dass unsere Schulen aufgebaut wären und wir nicht in diesem Zustand wären. Jeden Tag habe ich gegrübelt, wie ich Ordnung in mein Leben bringen kann.«

»Mein Name ist Naima, ich wünsche mir in der Zukunft ein harmonisches und schönes Leben voller Liebe. Ich hoffe, obwohl Afghanistan ein armes Land ist, dass die Kinder in die Schule gehen, sich Mühe geben und lernen, um Afghanistan helfen zu können. Damit unser Land wie ein Stern in der ganzen Welt leuchtet.«

Manchmal bringen die Kinder eine politische Aussage auch in ihren Bildern unter. Eine 17-Jährige malt die Welt-

kugel, aber wo Afghanistan sein sollte, klafft ein Krater. Dieses Afghanistan ist separat gemalt. Dort sitzt ein Mädchen auf dem Boden und spricht sein Land an: »Meine Hände und Füße sind gebunden. Ich bin nicht gebildet. Wie soll ich dir helfen?«

Als wir in den vergangenen Jahren die Kinder vor allem in den Schulen, die der Afghanische Frauenverein unterhält, zum Beschreiben und Malen von Situationen ihres Lebens sowie ihrer Vorstellung von unserem Leben anregten und auch Briefwechsel mit deutschen Gleichaltrigen förderten, ahnten wir nicht, wie vielgestaltig, wie individuell in der Handschrift, wie unabhängig von medialen Vorbildern diese Bilder und Schilderungen ausfallen würden. Zugleich aber ließ sich erkennen, dass sich vieles in diesen Texten schon deshalb wiederholen musste, weil sich die Lebensläufe der Kinder oft auf engem Raum entwickeln.

Man kann außerdem feststellen, dass selbst Schülerinnen und Schüler der höheren Klassen ohne psychologische Vertiefung von ihren Erlebnissen berichten – vielleicht, weil sie die eigene Psyche noch nicht entdeckt oder sie nicht für darstellenswert gehalten haben, vielleicht auch, weil das eigene Innenleben nicht den Stellenwert besitzt, den unsere Kultur ihm beimisst. Eher sind die Nachrichten aus ihrem Leben, die die Kinder hier niederschreiben, im Privaten politisch, und das Glück existiert nur gefährdet. So jedenfalls klingen ihre Stimmen:

»Mein Name ist Palwascha. Ich gehe in die elfte Klasse. In Zukunft möchte ich Hausfrau werden, um meine Kinder besser erziehen und sie im Geist meines

school
School

Book

Landes unterrichten zu können. Ich liebe meine Heimat Afghanistan, und wann immer ich über meine Zukunft nachdenke, kann ich das nicht tun, ohne über mein Land nachzudenken. Gerne spiele ich mit Freunden, gehe mit ihnen aus oder am liebsten shoppen. Ich studiere meine Fächer so gut wie möglich, um mein Wissen zu erweitern, und ich studiere nicht für Noten, sondern für das Leben. Das mag ich an mir selbst.«

»Ich bin in dieser Schule aufgewachsen. Mein Vater ist während der Arbeit in der Schule gestorben. Ich möchte auch in dieser Schule Lehrerin werden. Ich heiße Manizha und bin neun Jahre alt.«

Das Mädchen Sumaya schließlich fasst zusammen: »Ich habe einige Zukunftspläne für das, was ich in Wirklichkeit einmal werden möchte. In Zukunft möchte ich nämlich ein so guter Lehrer werden, wie es meine Lehrer gewesen sind. Ich erhoffe mir von meiner Zukunft, dass sie schön ist und dass ich Erfolg auf allen Gebieten habe.«

»Ich lebe in einem Dorf und möchte später eine gute Lehrerin werden, so dass ich dann in meinem Dorf unterrichten und dafür sorgen kann, dass alle unsere Dorfbewohner so gebildet wie die städtischen Menschen werden.«

»Ich heiße Hafisa, Tochter des Said Rahman, und bin Schülerin in der sechsten Klasse. Seit der ersten Klasse bin ich in dieser Schule und möchte hier auch abschließen – so mir Gott hilft und ich am Leben bleibe. Ich will in Zukunft eine gute Zahnärztin werden und meinen Landsleuten dienen. Der Arztberuf gefällt mir, weil man damit so gut Menschen helfen kann.«

»Ich arbeite von 8 bis 12 Uhr mittags auf dem Feld, und

von 17 bis gegen 18 Uhr treibe ich Sport, denn der menschliche Körper braucht den Sport. Ich freue mich, dass ich und meine übrigen Familienmitglieder Muslime sind. Mein Lieblingsessen sind gefüllte Teigtaschen, meine Lieblingsfarbe ist Blau. Das Obst, das ich mag, ist der Granatapfel. Mein Vater ist Schreiner.«

Ein Mädchen sagt: »Ich will in der Zukunft eine Pilotin werden. Außer der Schule habe ich keine andere Beschäftigung. Ich will mich nach der Schule für die Aufnahmeprüfung an der Universität vorbereiten, und später will ich gerne studieren. Ich würde auch gerne eine Ansagerin für das Radio oder Fernsehen werden. Dann sollte ich aber Literaturwissenschaften studieren. Ich mag auch die Dichtung und würde gerne eine namhafte Dichterin sein.«

Freschta geht in die fünfte Klasse einer Schule in Kunduz und schreibt: »Wir haben einen Garten, in dem wir viele Obstbäume gepflanzt haben. Das Obst essen wir und verkaufen es auch auf dem Basar. Von dem Geld erwerben wir, was wir zu Hause brauchen. Ich habe ein paar Hühner. Sie legen Eier. Wir essen die Eier und verkaufen die restlichen auf dem Basar. Davon kaufen wir Schulkleidung und Hefte. Wenn ich morgens aus dem Schlaf aufwache, bete ich. Dann gehe ich zur Moschee. Danach gehe ich zur Schule. Die Schule liegt von unserem Haus weit entfernt. Nach der Schule komme ich nach Hause und helfe im Haushalt. In Zukunft möchte ich eine freundliche Lehrerin werden wie meine Biologie-Lehrerin, die immer ehrlich und gerecht ist und uns bei allen sozialen Themen Ratschläge gibt. Ich möchte auch wie

sie werden und wünsche mir, dass unsere Schule nicht bloß Mittelschule, sondern auch Gymnasium wird und ich dort Lehrerin sein kann. Dann hoffe ich, dass Sie uns auch hier in der Schule besuchen.«

Sakina, die auch erst in die fünfte Klasse geht, schreibt ein Gedicht:

»Frühling ist, wenn es blüht.
Die Feder ist die beste Waffe der Könige.
Die Tulpe ist schön.
Willkommen in der Schule.«

Das Mädchen Schabana aus der zwölften Klasse schreibt: »Ich komme aus dem Bezirk Bagrami in Kabul. Ich habe fünf Schwestern und drei Brüder. Wir leben sehr glücklich in unserer Familie. Ich will gut vorbereitet sein, um an der Aufnahmeprüfung der Universität teilnehmen zu können. Ich will gute Noten bekommen, damit ich an der Uni studieren kann. Ich will eine gute Beraterin werden. Mit etwas Glück kann ich vielleicht Regierungsbeamtin werden. Meine schönste Erinnerung ist: Am Ende der elften Klasse, am jährlichen Lehrertag, gab es einen Preis für die Glücklichste in der Schule. Ich habe dieses große Los bekommen! Ich bedanke mich bei allen!«

Die täglichen Abläufe ähneln sich bei den meisten Kindern:

»Ich heiße Bas Pari und gehe ins erste Schuljahr. Mein Vater arbeitet als Tagelöhner, meine Mutter ist Hausfrau. Ich bin der jüngste Sohn in der Familie. Ich habe vier Schwestern und drei Brüder. Wenn ich morgens aufstehe, wasche ich meine Hände und Füße und gehe anschließend mit der Kuh nach draußen, um sie zu füttern. Um sieben

Uhr morgens bringe ich die Kuh nach Hause. Dann trinke ich Tee mit Brot oder Zucker und gehe zur Schule. Die Schule ist zwei Kilometer von uns entfernt. Nach der Schule komme ich mit Freunden erzählend nach Hause. Zu Hause waschen wir das Geschirr mit Wasser aus dem Bach und passen auf meine anderthalb Jahre alte Schwester auf. Mittags essen wir wilden Spinat und trinken Milch von unserer Kuh, wenn noch welche übrig ist. Dann nehme ich die Kuh und führe sie nach draußen auf die Weide, spiele Banjack, ein Spiel mit fünf Steinen, mit meiner Schwester oder baue ihr aus Lehm ein kleines Häuschen. Meine Mutter bereitet das Abendessen aus wildem Spinat, den wir von draußen mitgebracht haben, und manchmal gibt es Joghurt dazu. Ich helfe meiner Mutter die ganze Zeit, bis wir schlafen gehen. Ich wünsche mir, wie andere Kinder spielen zu können und schöne Spielzeuge zu haben. Denn ich mag es überhaupt nicht, die Kuh zur Weide zu bringen.«

Die zwölfjährige Hamida schreibt: »Wir halten Vieh, wir sind mittellos. Wir passen auf Ziegen, Kühe und Schafe auf und ernten Weizen. Davon leben wir. Wir bekommen das Schreinern, die Arbeit in der Landwirtschaft und das Mähen mit der Sense beigebracht. Wir kaufen von dem Geld alles für den täglichen Bedarf und Schulsachen.«

»Mein Name ist Habiba Abdulhalim. Ich gehe in das dritte Schuljahr der Khazani-Schule in Kunduz. Ich kann mich in meinem ganzen Leben nicht an etwas Spannendes erinnern. Als ich aufwuchs, lernte ich meine Verwandten kennen. Ich hatte einen Onkel, er hieß Hasrat Wali und half mir immer bei den Schularbeiten. Meine

ganze Familie liebte ihn. Unglücklicherweise ist er am 31. April 2011 auf dem Weg von Kabul nach Kunduz bei einem Verkehrsunfall verunglückt. Für uns war es eine sehr schmerzliche Erfahrung, die wir niemals vergessen werden. Und jetzt haben wir niemanden mehr, der abends mit uns die Schulaufgaben macht.«

»Ich heiße Nasifa, Tochter des Khalilullah, und gehe ins zwölfte Schuljahr der Marefatschule. Ich besuche diese Schule seit meinem ersten Schuljahr. In meiner Familie leben insgesamt zwölf Personen. Meine ältere Schwester ist Hausfrau und lebt mit uns. Ich wünsche mir für die Zukunft, dass ich Anwältin werden kann, damit ich die Rechte der Unschuldigen verteidigen, all die Schmerzen behandeln und das Recht jedes Einzelnen schützen kann. Ich möchte, dass Männer und Frauen gleiche Rechte haben, weil in unserem Land die Rechte der Frau unterdrückt werden. Viele Familien lassen nicht zu, dass ihre Töchter zur Schule gehen. Die Frauen müssen helfen und Schwerstarbeit leisten. Ich möchte ihre Rechte schützen, damit die afghanischen Mädchen wie andere Mädchen auf der Welt frei, klug und gebildet sind. Ich möchte eine gerechte und faire Anwältin sein, damit Gott und der Prophet mit mir zufrieden und meine Familie und Landsleute auf mich stolz sind. Nasifa.«

»Mein Name ist Nilofer. Ich bin in der sechsten Klasse. Ich stamme aus Kabul. Wir sind in der Familie zehn Personen, Eltern, fünf Brüder und drei Schwestern. Ich liebe meine Familie. Ich mag Reis und Bohnen. Von den Farben mag ich Türkis und Rot, von den Menschen die aufrichtigen und klugen. Keine Lügner. Ich würde in der Zu-

kunft gerne eine Ärztin werden, um mein Land von den verschiedenen Krankheiten zu befreien. Wenn man ein Land unterdrückt, leidet die ganze Menschheit, auch in anderen Ländern. Nilofer.«

»Ich heiße Feriba, Tochter von Bahaudin, und bin im vierten Schuljahr. Ich hoffe, dass es Ihnen gutgeht. Mein Vater ist arbeitslos. Er hat keine Hände, da sie amputiert wurden. Ich habe sechs Brüder. Mein ältester Bruder hat kein Bein. Meine anderen Brüder sammeln Brennmaterial. Wir leben in dem Dorf Qale. Jacob, unser Nachbar, hat uns ein Zimmer gegeben. Ich habe vier Schwestern, die mit meiner Mutter zusammen in einem Garten arbeiten. Wir haben kaum was zum Essen. Ich lerne in der Schule, und wir bekommen da Kleidung, Stifte und Hefte.«

»Ich heiße Schugofa Mohammad Alem und bin im vierten Schuljahr. Unser Haus ist vier Kilometer weit von unserer Schule entfernt. Es liegt in der Stadt Senjetak. Ich verlasse das Haus sehr früh am Morgen und bin um acht Uhr in der Schule. Mein Vater ist der Wächter der Moschee. Er macht dort das Feuer, bringt Wasser für die rituellen Waschungen vor dem Beten und fegt in der Moschee. Außerdem geht er von Haus zu Haus und sammelt Brot. Der Grund, warum ich zu der Schule gehe, ist der gute Unterricht und weil wir Stifte, Hefte und Uniform bekommen. Mein Vater ist nicht in der Lage, diese zu kaufen. Mein Onkel war drogenabhängig. Er hat sich Drogen gespritzt und ist gestorben. Die Frau von meinem Onkel hat meinen Vater geheiratet. In Zukunft möchte ich Ärztin werden, um meinen mittellosen Eltern zu helfen. Gott segne Euch.«

Andere Schüler und Schülerinnen haben ihren Brieffreunden in Deutschland, Nadia Nashir oder auch mir ihr Leben so beschrieben:

»Salam, mein Name ist Zalmai Jan und ich bin dreizehn Jahre alt, lerne in der siebten Klasse und lebe im Dorf Koja Galtan. In den Sommerferien besuchte ich die Kurse für Computer, Mathe, Chemie und Schönschreiben unter der Leitung des verehrten Herrn Mohammadzada, der sich viel Mühe gibt. Dafür bin ich ihm auch sehr dankbar. In die Schule gehe ich gerne, und ich hasse den Krieg. Ich habe auch einen kleinen Hund und einen Papagei. Im Moment habe ich meinen Kopf kahlgeschoren und trage eine große Mütze. Zum Essen mag ich Dopiasa, ein Gericht, das aus Lammfleisch, Zwiebeln, Kichererbsen und dünnem Brot besteht. Wenn ich Zeit habe, gehe ich schwimmen. Wie ich auf Deinem Bild sehe, hast Du nicht so einen großen Kopf, wie ich ihn habe. Bitte schicke mir ein großes Bild von Dir mit Deinem Hund. Ich bleibe auf Dein Bild mit Deinem Hund gespannt.«

»Mein Name ist Abdull Ahad, ich bin vierzehn Jahre alt und wohne im Dorf Paghman bei Kabul. Ich bin ein Meter und sechzig groß und wiege 45 Kilo. Meine Augen sind schwarz, und ich habe blonde Haare. Mein liebstes Hobby ist Rindertreiben auf den Feldern. Ich habe keinen bestimmten Alltagsablauf. Daher mache ich, was grade so anliegt. In der Schule zu sein gefällt mir. Ich mag besonders die Fächer Mathematik, Physik und Computerlernen. Wir haben eine zwanzigminütige Pause, wo ich mit dem geehrten Lehrer Volleyball spiele. Freitags haben wir schulfrei. Dann angeln meine Freunde und ich im

Milk
OIL

12 35 34

Fluss. Ich habe meine Eltern und meine Lehrer lieb. Wie findest Du mein von Trauer und vom Krieg gezeichnetes Bild? I love you soon.«

»Ich heiße Niaz Mohamad Nasim, ich bin fünfzehn Jahre alt und im achten Schuljahr. Ich lebe in einer gebildeten Familie im Dorf Nadirkhan. Ich habe fünf Brüder und einen Hund. Aber ich mag keine Hunde, weil sie Menschen beißen. Warum sollte ich Hunden trauen? Ich liebe das Fach Paschtu. Vormittags arbeite ich auf dem Feld, und nach der Schule bringe ich das Vieh zur Weide. Ich habe keine Zeit, um Sport zu treiben. Über Deinen Brief habe ich mich sehr gefreut.«

»Ich bin das Mädchen Gulalei. Wir sind mittellose Familien und haben Vieh, Pferde, eine Kuh und Schafe. Von der Kuh bekommen wir Milch, und die Schafe verkaufen wir. Davon leben wir. Das Pferd transportiert unsere Sachen von dem einen in den anderen Ort, weil es in unserem Dorf kein Auto gibt. Wir essen die Eier unserer Hühner, den Rest verkaufen wir auf dem Basar. Von dem Geld kaufen wir uns Schuhe.«

»Mein Name ist Zakia, ich bin in der siebten Klasse. Ich lebe mit meinen Eltern, vier Schwestern und drei Brüdern. Ich bin das erste Kind. Vom Sport mag ich den Baseball. Ich wünsche mir, in der Zukunft eine gute Ärztin zu werden. Ich habe eine Freundin, die heißt Nasima. Sie ist meine beste Freundin. Sie haben im Haus einen großen Garten. Sie mag Malerei, und ich auch sehr. Wir haben einen Hund, der heißt Bubi.«

»Ich heiße Basira und gehe ins zehnte Schuljahr. Ich möchte Ihnen meine interessante Lebensgeschichte er-

موسسه خیریه هنر
زهرا اسماعیل
Skycroper

zählen. Ich habe einen Bruder, aber ich bin die Jüngste in meiner Familie. Damit jemand aus unserer Familie auf dem Basar einkaufen gehen konnte und damit meine Familie keine Schwierigkeiten bekommt, sagte meine Familie, ich müsste Männerkleidung tragen. Ich habe auch auf dem Basar im Geschäft gearbeitet und habe die Einkäufe mit dem Fahrrad nach Hause gebracht. Bis zum sechsten Schuljahr trug ich Jungskleidung, und erst ab dem neunten Schuljahr habe ich meine Kleidung gewechselt. Da mein Vater das Schulgeld für meine bisherige Schule nicht mehr bezahlen konnte, hat die Schulleiterin mich in der Schule aufgenommen, allerdings unter der Bedingung, dass ich Mädchenkleidung trage. Ein Jahr war es für mich sehr schwer, einen halben Tag als Mädchen und einen halben Tag als Junge mein Leben zu führen. Ich wusste nicht, welchem Geschlecht ich angehöre, aber durch meine Schulleiterin fand ich dies raus. Ich trug keine Jungssachen mehr, fuhr kein Fahrrad und fing an, Mädchenkleidung und langes Haar zu tragen, wie es die Schulleiterin trägt. Das habe ich sehr gemocht. Ich danke der Schule, dass ich jetzt mein Geschlecht gefunden habe. Jetzt möchte ich eine bekannte Person in der Welt werden und danke Ihnen.«

»Ich heiße Anisa, bin vierzehn Jahre alt und bin im sechsten Schuljahr der Khazani-Schule. Mein Vater ist seit vier Jahren krank und liegt daheim. Weil wir keinen Ernährer haben, arbeite ich, wenn ich von der Schule nach Hause komme, im Haushalt und in der Stickerei. Von dem Geld leben wir. Nach den Hausarbeiten versorge ich die Kuh mit Gras, melke sie, mache aus der Milch Joghurt

und verkaufe ihn. Am Abend sitze ich unter der Öllampe und mache meine Schulaufgaben für den folgenden Tag. Morgens in der Frühe gehe ich um sieben Uhr zur Schule und bin mit dem Lernen beschäftigt. Ich lebe mit meiner Familie in Koja Galtan – wir haben zwei Zimmer.«

»Ich heiße Maliah, Tochter des Mohammed Amin und Schülerin der Mädchenschule im neunten Schuljahr. Die wirtschaftliche Situation unserer Familie ist schwach. Mein Vater ist Verkäufer. Er verkauft mit seinem Karren Lebensmittel, hat aber keine Kunden. Er steht auf der Straße. Im Sommer bläst der heiße Wind Staub durch die Luft. In den Wintermonaten plagen ihn Kälte, Schmutz und Staub. Oft hat mein Vater kaum einen Afghani, wenn er nach Hause kommt. Meiner Mutter geht es nicht gut. Sie geht in die Häuser der Menschen, wäscht ihre Wäsche und ihr Geschirr und bekommt dafür einen geringen Betrag. So gering, dass es kaum für eine Mahlzeit reicht, denn wir sind zehn Personen in meiner Familie.«

»Ich bin Nadia, Schülerin der zwölften Klasse in der Roshani-Schule, und ich möchte Ihnen heute einige Zeilen schreiben. Mein Leben besteht aus Erinnerungen, guten und schlechten, meine schönsten Erinnerungen habe ich an meine Schulzeit mit meiner Klassenkameradin Hamida, die mir wie eine Schwester ist. Aber wenn ich mein Abitur mache, werden wir auseinandergehen, und das wird keine gute Erinnerung sein. Ich wünsche mir, wo immer auch, in Zukunft mit meinen Klassenkameraden zusammen zu sein, auch wünsche ich mir, mit denen gemeinsam die Aufnahmeprüfung an der Universität zu bestehen. Ich bin die Zweitbeste in meiner Schule

und habe viele Träume für meine Zukunft, ich würde so gerne Architektin oder Lehrerin werden. Diese Berufe mag ich ausüben, um so meinen armen Landsleuten, die viel Gewalt und Ungerechtigkeit erlebt haben, den Kummer ihrer Herzen, die so lieb und voller Schönheit sind, zu lindern. Ich bin auch voller Kummer, weil diese zwölf Jahre Schulzeit mit vielen Problemen verbunden waren und mit viel Angst um unser Leben. Ich möchte meinem geliebten Afghanistan dienen, damit Frieden herrscht und der Brandherd dieses schrecklichen Krieges gelöscht wird. Ich bin in einer liberalen Familie aufgewachsen. Mein Vater war Arbeiter, und meine Mutter hat das Abitur. Meine Brüder gehen zur Schule, und einer arbeitet im Bereich Computerscience. Meine schlimmste und traurigste Erinnerung ist, dass ich meinen Vater verlor. Er war einer der liebenswürdigsten dieser Welt. Ich habe ihn sehr geliebt, er war ein sehr gebildeter und kluger Mensch und liebte uns sehr. Finanziell haben wir keine Probleme, aber es ist so schmerzlich, dass mein Vater nicht mehr lebt.«

»Ich bin Hamida. Es gibt und gab schöne, aber auch unschöne Erinnerungen in meinem Leben. Was ich nie vergessen werde, ist meine Schulzeit, der Kontakt mit meinen Klassenkameraden und Lehrerinnen, die zu uns sehr lieb sind. So viele glückliche Jahre habe ich mit denen verbracht, sie zählen zu meiner glücklichsten Zeit. Aber der Gedanke, sie nach meinem Abitur nicht mehr zu sehen, betrübt mich sehr, auch wenn der Schulbesuch in dem letzten Jahr mit viel Angst verbunden war. Nach dem Verlassen des Hauses fühlten wir uns in jedem Moment vom Sterben bedroht und wussten nie, ob wir

heil und lebend zurückkehren würden. Dennoch haben wir weiterhin die Schule besucht. Ich stamme aus einer liebevollen Familie und möchte wie sie meiner Gesellschaft helfen. Gott schütze Sie, Hamida, zwölftes Schuljahr.«

»Mein Name ist Sharifa, ich bin die Klassenbeste aus der sechsten Klasse der Khazani-Hauptschule. Ich wohne mit meinen Eltern, meiner Schwester und meinem Bruder im Dorf Koja Galtan in der Provinz Kunduz. Ich bin vierzehn Jahre alt. Mein Vater ist Bauer und meine Mutter Schneiderin. Wir haben viele Felder, und ich helfe meinem Papa beim Pflanzen von Bäumen. Ich trage sehr gerne die handgearbeiteten Kleider, die mir meine Mama schneidert. Ich beschäftige mich sehr gerne mit dem Fach Mathematik. Wir sprechen Dari, eine der beiden Nationalsprachen Afghanistans. Ich habe besonderes Interesse am Seilspringen. Unser Dorf ist sehr grün und schön.«

»Bruder, Salam, mein Name ist Mohammad Idriss, ich lebe im Dorf Khasani und bin zwölf Jahre alt. Meine Haare sind kurz. Meine Haut ist braun, und ich habe schwarze Augen, bin einen Meter fünfzig groß und habe Schuhgröße 42. Mein Vater arbeitet im Iran. Morgens gehe ich erst in die Moschee zum Koran-Lernen und dann auf die Felder zum Arbeiten. Ich habe pakistanische Filme gern. Um dreizehn Uhr gehe ich zur Schule. Die Fächer Schönschreiben und Computerlernen gefallen mir. Meinen Lehrer habe ich lieb, weil er ein guter und tüchtiger Lehrer ist. Ich habe einige Fragen an Dich: Wie viel Prozent hast Du Deine Eltern lieb? Was sollen wir machen?

Was soll ich machen? Gib mir bitte einen Ratschlag. Dein Freund Mohammad.«

»Ich war sehr froh, Deinen Brief bekommen zu haben. Ich hoffe, dass Du immer gesund und munter bist, damit Du uns oft solche Briefe voller Liebe schreibst. In unserem kleinen Garten haben wir verschiedene Bäume mit Äpfeln, Aprikosen und Weintrauben. Wir haben ebenso Kühe und Schafe. Mein Bruder und ich, wir füttern unser Vieh. Ich helfe manchmal meiner Mutter beim Kochen. Ich spiele gerne mit meiner kleinen Puppe und mit meinen Freundinnen Zahra und Homaira. Liebe Grüße von Manija.«

»Mein Name ist Fatema. Ich bin in der vierten Klasse unserer Schule und habe sieben Schwestern und drei Brüder. Mein Vater ist Fahrer, und meine Geschwister gehen zur Schule. Meine Mutter ist vor vier Monaten gestorben. Meine Mutter wünschte sich, dass ich in der Zukunft eine gute Position in der Gesellschaft habe. Ich will gerne Ansagerin werden, um die Wünsche meiner Mutter zu erfüllen. Deshalb gebe ich mir viel Mühe, um eine gute Ausbildung zu bekommen. Das sind meine Wünsche.«

»Mein Name ist Rahima. Mein Vater ist Metzger. Ich habe eine Schwester und zwei Brüder. Ein Bruder von mir ist schon verheiratet und hat eine Tochter und zwei Söhne. Meine Nichte heißt Homaira, und sie ist auch mit mir in dieser Schule. Ich mag Homaira sehr. Sie hilft mir auch im Haushalt. Seit zwei Jahren habe ich angefangen, zu Hause zu kochen. Ich kann schon alle Gerichte, aber mein Vater meint, dass ich die Hähnchen mit Reis besonders gut mache. In der Freizeit bastele ich aus Perlen

viele Gegenstände, zum Beispiel Blumenvasen, Stifthalter usw. Außerdem mag ich im Fernsehen Komödien, zum Beispiel »Tom und Jerry«. Danke und auf Wiedersehen und alles Gute und viel Erfolg. Eure Schwester Rahima, Schülerin in der dritten Klasse.«

Auf den Bildern der afghanischen Kinder ist die westliche Welt eine Gegenwelt. Es ist die Welt des Fernsehens, des guten Wetters, der blonden Frauen und muskulösen Männer mit Sonnenbrillen. Die Straßen sind sauber und die Architekturen bruchfest. Auch fließt das Wasser in Strömen, und wenn wir sitzen, dann nicht aufrecht, sondern eher gefläzt. Wir sind gut gebaut, leicht bekleidet und lässig. Bei aller Gegenwelt, dieses Leben sieht nicht aus wie eines, das sich die Kinder für sich selbst wünschen. Eher betrachten sie es wie eine fremde Stammeskultur.

Ein Mädchen malt sich selbst, wie sie auf einem Esel hinter einem Auto mit einem deutschen Mädchen darin herreitet, und schreibt:

»Mein Name ich Hadia, und ich bin in der achten Klasse. In der Zukunft will ich gerne helfen, mein Land aus diesen Schlamasseln herauszuholen. Das wollen wir alle. Wir wollen von der modernen Entwicklung lernen und sie in der Zukunft umsetzen. Wir wollen lernen und etwas Neues selbst entdecken, um Afghanistan zu helfen.«

Die Welt ihres Landes aber ist in den Zeichnungen noch weitgehend ländlich, und ihre Idylle ist die des Einklangs mit der Natur. Flüsse, Berge, Blumen und Tiere besetzen die Bühne, Nomadenzelte stehen in den Ebenen, und die Täler sind weit. Wer genau hinsieht, kann entdecken, wie scharf die Kinder auch die Natur beobachtet haben, wie sie Hunde und Ziegen, Schlangen und Tausendfüßler unterscheiden, wie sie die charakteristischen Farben eines Fells oder eines Gefieders wiedergeben. Sie kennen die Botanik, die Fruchtstände, die Geräte, mit denen man auf dem Feld arbeitet, die Lage des Brustkorbs beim Kraulen im reißenden Fluss, den Schwung des Körpers auf der Schaukel oder in der raumgreifenden Bewegung des Schnitters auf dem Feld, die Arbeitsgriffe des Tischlers, des Automechanikers, des Hirten. Sie geben diesem alltäglichen Leben, wo es friedlich ist, die Farben eines Ideals. Die Bilder des Westens dagegen sind die der Stadtwüsten, der urbanen Beengung, die die Menschen klein im Vergleich zu den Bauten erscheinen lassen. Vor allem aber ist die Welt des Westens ohne Gewalt, ungehemmt in der Entwicklung und frei bis zur Schamlosigkeit, allerdings ohne Natur, ohne Blumen, ohne Ornamentik.

»Ich heiße Nuria«, schreibt ein Mädchen, »und gehe in das siebte Schuljahr. Der Unterschied zwischen Europa und Afghanistan ist, dass Afghanistan ein gebirgiges Land ist, viel Grün, viele Bodenschätze und wilde Flüsse besitzt. Aber durch den Krieg ist das Land zur Ruine geworden. Die Menschen leben meist von der Landwirtschaft. Europa ist ein unabhängiges Land, in dem überall Frieden herrscht. Die Menschen sind fortschrittlich, lieben den Frieden und die Demokratie, und es gibt totale Freiheit. Ich wünsche mir auch, dass in unser Land der Frieden zurückkehrt und es für afghanische Schüler dieselben Möglichkeiten gibt, die die deutschen Schüler schon haben.«

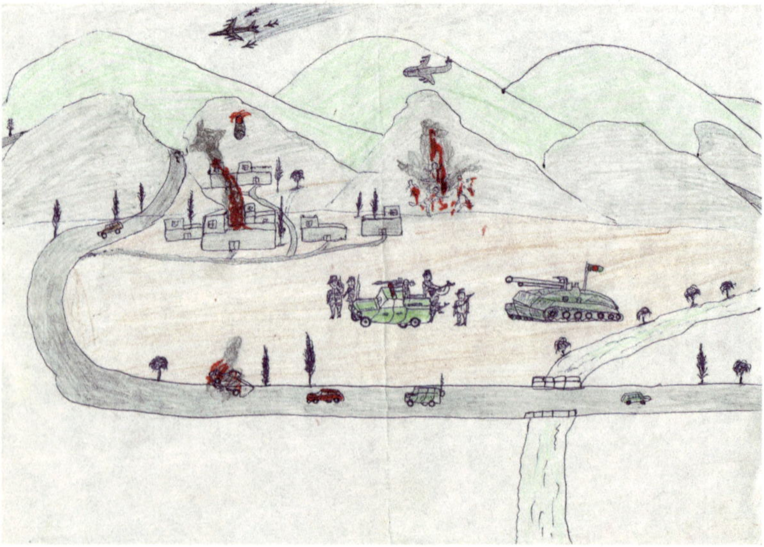

»Ich heiße Rosina, Tochter von Dad Mohamad, und bin im zwölften Schuljahr. Ich habe sechs Brüder und drei Schwestern, zwei Schwägerinnen und drei Nichten und Neffen. Mein Vater ist Lehrer in Afghanistan. Vier meiner Brüder und zwei meiner Schwestern gehen zur Schule. Ich möchte Schriftstellerin werden, und mein Vorbild ist Ibn Sina. Ich möchte auch ein Buch über Medizin schreiben. Ich wünsche mir, dass Afghanistan ein Land wird, in dem wirklich etwas gebaut wird und in dem es Frieden und eine herzliche Verbindung zwischen den Menschen gibt. Es gibt große Unterschiede zwischen dem Leben der Deutschen und der Afghanen. Die Deutschen leben in Frieden. Sie haben Zugang zur Bildung, leben sicher, und ihre ökonomische Lage ist gut. Die Deutschen haben alles, was sie brauchen – sie haben ein ruhiges Leben ohne Probleme. Sie können Ausflüge und Picknick machen. Sie sind keine Flüchtlinge. Alles haben sie für die Winter- und Sommermonate. Man kann ihr Leben nicht mit unserem vergleichen. Afghanen haben zwei Probleme: Sie sind Flüchtlinge und haben wenig Möglichkeiten. Hinzu kommt, dass es wenig Sicherheit gibt und kaum Zugang zur Bildung. In Afghanistan ist alles viel teurer. Die Menschen können nicht in Ruhe leben, weil es keine Sicherheit gibt.«

In der obersten Klasse der Schule von Bojasar schließlich sitzen nur vierzehn Mädchen.

»Diese Mädchen«, sagt die Direktorin, »sind alle Heldinnen. Sie haben sich gegen die Väter und die Brüder durchgesetzt, sie sind von den Jungen auf dem Schulweg gehänselt worden, aber sie haben sich durchgesetzt.«

Diese Mädchen haben seit elf Jahren keinen Sport ge-

macht, weil sie die Klassenzimmer nicht verlassen durften. Es hätten ja Jungen und Männer von außen zusehen können.

»Sie waren einmal hundert Schülerinnen«, sagt die Direktorin, »und Sie sehen ja, heute sind sie noch vierzehn. Sie kamen auch deshalb durch, weil sie verschworen waren, sich immer gegenseitig halfen.«

Sie mussten noch kämpfen, sie haben den Weg für die nachfolgenden Mädchen bereitet und alle Arten von Einschüchterungen erlebt. Manchmal hatten die Väter und Onkel nur Angst vor den Gefahren des Schulwegs, vor den drohenden Vergewaltigungen, den Minen. Aber manchmal wollten die Alten sie auch bloß nicht gebildet sehen.

»Wir haben die Eltern einbestellt wegen dieser Probleme«, sagt die Direktorin, »und Sie sehen ja, da sitzen die Mädchen, alle stark.«

Wie wird das Leben dieser »Heldinnen« nach dem Abitur weitergehen? Ein Mädchen sagt ernst und bestimmt:

»Ich werde Ärztin, weil sie eine Klinik in dieser Gegend bauen, und ich weiß, es gibt hier keine Ärztin. Wir sind nicht fortschrittlich. Wir brauchen Bildung. Wir müssen uns selbst helfen können. Die Frauen sollen ihre Rechte bekommen.«

Doch wenn sie studieren wollen, müssen sie in Kabul wohnen. Aber das erlauben nur die Eltern von drei der Mädchen im Raum. Den anderen wird nicht einmal das Internat erlaubt. Also müssten die Mädchen täglich hin- und herfahren.

»Habt ihr Angst vor Kabul?«

»Nein«, sie lachen.

»Hat sich die Lage verbessert?«

»Schon, aber im Zentrum nicht.«

»Was fehlt euch?«

»Die Wirtschaftslage ist so schlecht.«

»Wie nennt ihr die Lage heute: Krieg oder Frieden?«

»Frieden.«

»Wie lange schon?«

»Seit etwa acht Jahren.«

»Und daran kannst du dich erinnern?«

»O ja«, sie schlägt die Augen nieder.

»Könnt ihr euch ein Afghanistan ohne Ausländer vorstellen?«

»Schon, aber nur, wenn wir in Bruderschaft miteinander leben. Es gibt so viel Uneinigkeit, so viele Waffen.«

»Worüber würdet ihr mit dem Präsidenten reden, wenn er käme, um euch zu hören?«

»Über den Frieden und die Frauenrechte.«

Der junge Lehrer mischt sich ein:

»Der Präsident würde dies mit Schmerzen hören, aber er wird nie kommen, und wenn er käme, würde er nicht zuhören. Er soll weniger schlafen, weniger essen. Er soll mehr an unser Glück denken. Eines Tages wird er sich vor Gott verantworten müssen.«

Und die Direktorin fällt ein:

»Die Demokratie hängt nicht vom Präsidenten ab. Sie hängt vom Wissen ab, von der Bildung, und wir haben so viele Gebildete, Kundige. Nur auf der Basis der Erziehung hat Demokratie ihren Sinn.«

Ja, diese Kinder, die so früh mit der politischen Realität

konfrontiert werden, sie nehmen ihre Fragen aus der unmittelbaren Erfahrung:

»Was hat der Präsident für uns getan? Wer baut die Straße? Warum ist sie für Parlamentarier gesperrt worden? Sind wir keine Menschen? Woher kommt das Wasser?«

Und sie reden zum ersten Mal durcheinander:

»Warum töten die Alliierten die Taliban und bekommen keine Strafe?« – »Die Menschen sind nicht schlecht, die Lebensbedingungen sind es.« – »Unsere größte Not ist unsere Uneinigkeit und unsere strategische Lage.« – »Die Truppen töteten gerade 28 Menschen, darunter zwei Taliban. Der Rest wurde hinterher zu Taliban umdeklariert.«

Sie wissen auch das.

Und ich denke an die jungen Studentinnen, die vor dem Fotografieren lieber den Raum verließen, an die kämpferische Dozentin, an die Fußballspielerinnen, die Verfassungsrichterin, die ich ehemals traf und die durchsetzte, dass in die Verfassung der Satz aufgenommen wurde: »Vor dem Gesetz sind alle Menschen gleich, und das gilt auch für Frauen«, an Homeira Qaderi, ihren Kampf und ihre Theorie von der Unwandelbarkeit der Kultur, und nun stehe ich in dieser Klasse vor den nächsten Absolventinnen, der nächsten Generation, den kommenden, mündigen, »stark« genannten Frauen und Kämpferinnen, die es auch mit Teilen der afghanischen Kultur werden aufnehmen müssen.

Und nicht weit weg von diesem Klassenzimmer bin ich wenig später wieder da, wo sich diese Kultur auch manifestiert, in einem Ältestenrat auf dem Land. Eine Lehrerin

hatte gesagt, sie erziehe vor allem die alten Männer, damit sie es weitergäben und ihre Autorität sprechen ließen. Ja, sie berät die Alten selbst in Fragen der Familienplanung. Mit den Jungen allerdings sei es einfacher. Die Älteren dagegen hätten manchmal zehn Kinder und wollten immer noch nicht aufhören. Es gibt so viele Problemfelder.

Wieder sitzen wir auf dem mit Teppichen ausgelegten Boden und essen, die alten Graubärte mit ihren alttestamentarischen Gesichtern unter den weißen Käppis. Der Blick geht auf die Weinreben, die nicht am Stock hochgezogen, sondern als Busch wachsen, mit Früchten, die nicht gekeltert, sondern frisch verkauft oder im Schatten zu grünen, in der Sonne zu roten Rosinen getrocknet werden. Wir essen Kebab, Reis, Maulbeeren, Pistazienpudding. Diese Männer sind es, die ihre schützende Hand über die Schule halten, die den Unterricht fördern und auch ihre eigenen Mädchen in diese Klassen schicken.

Der alte Gastgeber sagt:

»Dieses Haus haben mehr Kugeln getroffen als Blätter sind an den Bäumen da draußen. Zweimal hat man uns ganz zusammengeschossen. Zweimal haben wir alles wieder aufgebaut. Euer Land ist schöner. Ich habe es heil gesehen auf Bildern. Wir aber haben dreißig Jahre Krieg hinter uns.« Er lässt seinen Blick durch die Runde gehen. »Sieh dich doch mal um«, er zeigt mit dem Finger, »der da war ein Krieger, der auch, mit dem da habe ich selbst gekämpft, sieh dir sein Auge an« – er trägt ein blaues Glasauge in seinem braunen Gesicht –, »den da kenne ich nicht. Wir waren 25 Mudschaheddin, heute sind wir noch zwei, und immer noch werde ich alles verteidigen, was

meine Ehre ausmacht: Meine Frau, meine Familie, mein Haus, mein Land hier. Wir haben gearbeitet und doch kein Korn Reis gegessen, so viel wurde da draußen geschossen.«

»Und heute setzen Sie Ihre Hoffnung auf die Jugend?«

»Ach, sie haben doch nur Waffen gesehen. Die Regierung gibt ihnen keine Ausbildung, keine Arbeit. Aus Not habe ich meinen Sohn nach Indien geschickt zum Studieren. Ob er wirklich studiert? Ich weiß es nicht. Man sieht hier kleine Kinder, die sich ein Stück Holz schnappen und damit schießen. Es ist schrecklich. So verarbeiten sie den Krieg. Aus Pakistan kommen Kalaschnikows aus rosa Plastik ins Land. Sie sehen wie Spielzeug aus, doch die Kinder schießen damit, und man kann sein Auge verlieren.« Der mit dem Glasauge lacht. »Meine Tochter ist auf dem einen Auge verletzt worden von diesem Spielzeug. Der Krieg ist ein Geschäft mit vielen Gesichtern.«

Und gleich sprechen auch sie von dem afghanischen, dem pakistanischen, dem amerikanischen Talib:

»Es gibt den, der Geld nimmt, und den, der einfach so rumschießt. Es gibt den, der tags für die Amerikaner als Übersetzer arbeitet und nach Einbruch der Dunkelheit Talib ist. Es gibt alles. Nur frage ich: Wo sind denn die Überzeugungen? Was ist noch ernst?«

Ein anderer fällt ein:

»Und denken Sie: Es passiert jetzt so viel, und wir erfahren so wenig. Wer hat Osama getötet? Ist er tot? Wie bilden wir unsere Meinung? Ach, wir sind alle misstrauisch geworden.«

»Und welches waren Ihre glücklichen Jahre?«

»Das war Afghanistan während der Königszeit, vor dem Einmarsch der Russen. Wenn damals auf einem Weg ein Kind starb, wollte niemand mehr diesen Weg gehen. Heute liegen Tote am Wegrand, und die Leute gehen einfach weiter. Die Toten sind normal geworden.«

Sie gehen in den Nebenraum zum Gebet. Die Mücken sirren in den hauchdünn fallenden Regen. Im Durchgang zu der Tee trinkenden Gesellschaft beten sie mit dem Gesicht zur Wand, die Stirn immer wieder gegen den Boden führend. Die Fliegen kreisen, in den Gewändern sitzen die Flecken der Suppe, des Tees, des Regens. Sie bringen mir einen bestickten Mantel aus Kandahar. Mein Blick geht in die Runde. Jeder hat seine Geschichte erzählt, der mit dem Auge, der alte Kämpfer, der Dorfälteste, der Paschtunen-Fahrer. Nach solchen Mahlzeiten kommt es auf dem Land bisweilen vor, dass der Gastgeber reihum Schmerztabletten anbietet wie Süßigkeiten, und greift jemand da nicht zu, ist der Hausherr verletzt.

Ich erinnere mich einer anderen Mädchenklasse auf dem Lande, wo ich neben der Tafel saß. Rechts und links hingen die farbigen Schaubilder, die nicht die zoologischen oder botanischen Spezies abbildeten wie bei uns, sondern Waffen aller Art, produziert vor allem in der westlichen Welt. Der Alte im Kaftan gab in dieser Schule nur den Minen-Unterricht. Die Kinder starrten bewegungslos auf die Morphologie des Schreckens.

»Wer hat im wirklichen Leben schon einmal eine Mine gesehen?«, fragte ich.

Die Hälfte aller Hände flogen hoch, und die Gesichter glühten plötzlich, stolz, kundig zu sein. Der Alte fragte die Namen der Minen ab. Vom Zeigestock von Objekt zu Objekt geführt, nannten sie die Namen der tödlichen Waffen. Der Chor der Stimmen klang unisono. Er deklamierte die Fabrikate wie Tiernamen.

»Und wie habt ihr euch geschützt?«

»Wir haben Bunker gegraben mit unseren Händen«, sagte ein Mädchen.

Auf den Feldern an den Hängen des Hindukusch markierten die weißen Steine die geräumten Flächen, die roten die Minenfelder. Doch dann war der Schnee gefallen und hatte alles weiß gemacht. Als die Schmelze kam, führte der Fluss zwar nach Jahren zum ersten Mal wieder Wasser, aber die rot markierten Steine waren auf die geräumten Felder geschwemmt worden und umgekehrt, und die Kinder liefen in die vermeintlichen sicheren Flächen und verloren Gliedmaßen oder ihr Leben. Von den Berghängen drohten zudem Schlammlawinen, die ebenfalls Minen mitführen können und auch schon ganze Familien begraben haben. Männer, Frauen, Kinder zogen trotzdem von einer Wasserausgabestelle mit ihren Kanistern über die Hügel davon, auf eine Felswand zu, in der die Hütten saßen wie Starenkästen.

Sie zogen über die verschneite Ebene davon, Kindergreise, grünäugige Hexen, kleine Mädchen im Trümmerfrauen-Look, in Nachkriegsmänteln mit Kopftüchern, eines mit Samtkleid zu Gummistiefeln, uralte Zwergmenschen mit gezeichneten Gesichtern, manchmal fror das Wasser in ihrem Kanister, und manchmal umarmten sie nur ein einzelnes Fladenbrot an ihrer Brust. Auch aus dem Iran und Pakistan hatte man die Flüchtlinge in

dieses Nichts geschickt, weil dort nun angeblich Ruhe herrschte. Die Kinder standen da in Flipflops, mit Frostbeulen an den Füßen und im Gesicht. Heimgekehrt aus dem Exil oder abgeschoben auch aus Deutschland, fanden sie sich an Berghängen, fast ohne Schutz vor dem Verhungern oder Erfrieren. Wo sie ankamen, standen bloß noch Ruinen.

Ringsum lag die zerklüftete Schneelandschaft mit Hütten aus Lehmziegeln, in die der Frost Risse sprengte. Erst als auch in den entlegeneren Gebieten der Schulunterricht etabliert wurde, sich Hilfsorganisationen für Versorgung und nachhaltige Erziehung einsetzten, erlosch der Widerstand der Eltern, und nicht einmal die Tatsache, dass alle Schulen im Umkreis koedukativ waren, schuf noch Probleme: Für die gewünschte Mädchenschule stellte ein Vater sein Privathaus zur Verfügung.

»Unter den Taliban«, berichtete die Lehrerin, »habe ich heimlich, im Kopf und im Herzen gelernt. Jetzt tue ich es offen, und es ist eine Ehre für mich.«

Auf dem Dach der Schule stehend, ahnt man die Fortschritte ringsum. Die Felder an den Hängen sind bestellt, man hört die Hähne, das Hämmern der Arbeiter in der Ferne, das Rufen der Bauern. In dieser Stunde schmeckt die Luft nach Herbst, und man möchte nicht glauben, dass hier lange eine der Hauptlinien des Krieges verlief. Manchmal steigt in der Landschaft ein einzelner weißer Drachen auf. Man sieht ihn und denkt erleichtert: Da spielt jemand.

Wir machen uns auf ins Pandschir-Tal, den berühmten

Rückzugsort des Kommandanten Massoud, des Führers der Nordallianz im Kampf gegen die Taliban, dessen Bild man überall in Afghanistan begegnet. Ein Hoffnungsträger sei er gewesen, der das Land hätte retten können, sagen die einen. Ein Kommandant sei er gewesen wie andere, nur charismatischer, und viele Fehler habe auch er gemacht, wie die anderen.

Und wieder sind wir auf der Straße, zwischen den Kindern mit ihren galoppierenden Eselsgespannen, den Nomaden mit ihren dünnen, staubigen Schafsherden, den uralten Greisen am Steuer der dahinrasenden Toyota Corolla, den Lastwagen mit Bildern von schnäbelnden Tauben, mit dem Emblem eines Dolches durch das Herz oder der deutschen Aufschrift »Jesuitenquelle« – vorbei an den grün beflaggten Märtyrer-Gräbern, dem geplünderten Panzerfriedhof, dessen Metall man nach Pakistan verkaufte, vorbei an Plakaten mit durchgestrichenem Mohn, vorbei auch am lokalen Gesundheitsministerium, das über die gesamte Länge der Fassade einen »Pepsi«-Schriftzug trägt, unterbrochen nur von der Botschaft, »es ist gut, wenn die kleinen Kinder Muttermilch bekommen«. Dann folgt »Trink Pepsi«. Also, was nun?

Und dann liegt da plötzlich ein Hain mit Bachlauf und Obstbäumen und Rasenflächen, mit Vogelattrappen und polierten Schrott-Panzern, wie sie nur viele rutschende Hosenböden blank kriegen. Daneben spielen vier Kinder mit Murmeln vor einem zweiten ausgebrannten Panzer. Als wir uns nähern, erstarren sie, dann sagt ein Mädchen mit einer fatalistischen Bereitwilligkeit:

»Ihr kommt, um uns zu schlagen.«

DaRi
دری
قوتی
روغن
Oil can

»Warum sollten wir das tun?«

Sie schweigen verlegen, und wir erfahren: Seit die Taliban alle Spiele verboten hatten, erwarten Kinder immer noch Strafen dafür.

Unser Fahrer Nabil hat ehemals unter Kommandant Massoud gedient, der zwei Tage vor dem 11. September 2001 einem Taliban-Attentat zum Opfer fiel. Nabils Aufgabe war es, Nägel auf der Straße auszustreuen, um Massouds Tross die Flucht vor den Verfolgern zu erleichtern. Er kennt sich aus, in diesem Tal wurde er geboren. Massoud war einer der ihren, doch nennt Nabil ihn nicht beim Namen. Aus Respekt spricht er immer nur vom »Herrn Direktor« und besteht darauf, uns an sein Grab zu führen.

Wir inhalieren den Duft des Regens, der auf die sonnenverbrannte Erde fällt, und passieren die Straßensperre am Eingang zum Pandschir-Tal.

»Die Pandschiri lassen keine anderen Ethnien zu«, sagt Nabil.

Deshalb gibt es auch keine Taliban in diesem Tal, vielmehr wurden sie früher hier als Gefangene gehalten. Ich sehe zwei Kinder mit einem Ochsen einen Passweg entlangschlendern.

»Kann man in den Bergen überleben?«

»Nein, das ist unmöglich. Wasser gibt es überall, aber du musst Mehl mitnehmen, damit kann man Brot backen in den öffentlichen Öfen, die sich hier überall finden. Oder man jagt Fasane, ganz hoch oben Leoparden, und in manchen Tälern wird man sogar auf Rehe treffen.«

Außerdem lebt in diesen Bergen noch ein Tier, dessen Namen gerade keinem einfällt, es ist fett, hat fast keine

Knochen, ist gut gegen Rheuma und wird mit der Kalaschnikow gejagt.

Die Schlucht ist hier so eng, dass Massoud im Krieg die Felsen sprengen ließ, um seinen Verfolgern jeden Zugang zu versperren. Heute liegen an der einsamen Bergstraße nur zwei Restaurants einander gegenüber und bekämpfen sich wechselseitig mit ihrer Musik.

Nabil, stolz auf seine Heimat, erzählt die Geschichte jeder neuen Schlucht, rekapituliert jede Katastrophe. Es ist ein karges Leben, das die Menschen hier führen. Der Boden ist arm, er ernährt nicht viele. Die Felder werden den Bergen abgetrotzt, den Fluss hat man eingedämmt, um Land zu gewinnen. Doch überall fehlt Arbeit. Die Jugend geht in die Stadt. Trotzdem ließ die Regierung ein riesiges Stadion bauen für Fußball, Basketball, Reiter-Turniere und hofft nun auf Prozente beim Eintritt. Niemand ringsum wird sich den Eintritt leisten können.

Die Jungen fischen mit Netzen im Fluss, die Kinder binden sich leere Plastikflaschen um den Bauch und stürzen sich in den reißenden Lauf, oder sie treiben in Lastwagenschläuchen vorbei. Auf einem Teppich am äußersten Ende des Felsvorsprungs betet ein Junge gen Mekka. Auch sitzen die Apfel- und Pfirsichverkäufer zwischen ihren Geräten am Straßenrand. Manche schlafen, gleich neben ihrer kleinen Früchtehalde, geschmiegt in die Schubkarre.

Die Straße am anderen Ufer führt bis nach China. Hier folgen Dörfer, in denen früher Flüchtlinge lebten. Der Fluss fächert sich immer breiter, auf den Inseln Weideland voller Panzerschrott. Es sieht nach einer Nachkriegsidylle aus. Doch auch in diesen Frieden drang im letzten Jahr ein Selbstmordattentäter. Sein Wagen explodierte, der Mann starb. Seine beiden Komplizen hat man sofort erschossen. »Das war falsch«, meint Nabil. Denn so kennt man ihre Motive nicht.

Wir kommen hoch über dem Tal am Ziel unserer Reise an, dem Grabmal für Massoud, einem Rundtempelbau, mit lapislazuliverzierter Kuppel. Ein paar seiner ehemaligen Männer sind gekommen, um zu trauern. Verwildert sehen sie aus und ergriffen. Wir sitzen zusammen auf einer Brüstung über dem Tal.

Ich schaue in die Runde dieser Kriegergesichter, auf die Arme mit den selbstgestochenen Tätowierungen, die ehemals unerwünscht waren, denn auch Tätowierungen sind Bilder. Nabil hat die seinen mit Zigarettenglut entfernt. Eine von ihnen aber wirkt bloß verwischt.

Der rothaarige Krieger bemerkt:

»Die amerikanischen Soldaten, die den Koran verbrannt haben, sind heute verurteilt worden.«

»Welche Strafe sollen sie kriegen?«

Unter den Männern gehen die Meinungen auseinander. Einer sagt:

»Zum Tode müsste man sie verurteilen!«

»Nein, man soll sie nicht töten«, meint Nabil. »Wir sind müde. Es ist genug Blut geflossen. Sie sollen die Straße fegen bis nach Kunduz. Und dann ab ins Gefängnis!«

Dann geht er, Massouds treuer Fußsoldat, und fotografiert hockend, lange und geduldig eine schwankende Gebirgsblume auf einem Fels. Da ist sie wieder, diese Situation, in der die martialischen Männer zart und ein

bisschen kindlich werden. Dann erhebt sich Nabil und wendet sich mir resümierend zu:

»Ich bin froh, dass du gekommen bist und es mit eigenen Augen gesehen hast: Wir sind nicht alle Mörder. Immerhin gibt es Gegenden, in denen Krieg geführt wird, und trotzdem gehen die Kinder in die Schule, die Mädchen lernen schreiben und lesen, und die Lehrer lassen den Unterricht nicht ausfallen.«

Anschließend geht er wieder in die Hocke, wendet sich noch einmal der Blume zu und fotografiert sie aus einer anderen Perspektive. Zwei Nomadenkinder beobachten erst ihn, dann die Blume. Wüsste ich nur, was sie sehen!

Danksagung

Den Kindern, die zu diesem Buch beigetragen haben, kann ich nicht genug danken. Sie haben mir tiefen Eindruck gemacht. Auch den Lehrerinnen und Lehrern, den Schneiderinnen, Fußballspielerinnen, Autorinnen, Menschenrechtlern, den Menschen, die mir in Afghanistan ihr Vertrauen schenkten, mir halfen oder mich begleiteten, sei vielmals gedankt. Außerdem fühle ich mich den Mitarbeiterinnen und Mitarbeitern des Afghanischen Frauenvereins in Afghanistan und in Deutschland seit Jahren verbunden und verpflichtet. Vor allem aber sei meiner lieben Freundin Nadia Nashir gedankt, der 1. Vorsitzenden des Afghanischen Frauenvereins, deren Kraft, Mut und Großherzigkeit so imponierend sind und ohne die die hier versammelten Bilder und Texte nicht hätten geborgen werden können.

Der Erlös aus dem Verkauf dieses Buchs wird von Verlag und Autor an den Afghanischen Frauenverein e.V. weitergegeben. Das Geld soll den Kindern Afghanistans zugutekommen. Spenden erreichen den Verein über: Afghanischer Frauenverein e.V., Commerzbank Koblenz, BLZ 570 800 70, Konto: 0 680 850 500.

Roger Willemsen

Handschriftliche Kommentare der Kinder zu einigen ihrer Bilder

»Friede und Ruhe, Freude und Schule.«
»Armer Mensch, Revolution und Krieg, Blatt ohne Früchte.«
»Afghanistan ist unsicher, und die Menschen haben kein ruhiges Leben. Europa ist schön mit asphaltierten Straßen und schönen Gebäuden, in denen die Menschen sicher leben.«
»Ein erschöpfter Mensch kann gut auf einem Stein schlafen. Ein schlechter Mensch träumt nicht einmal auf einem Federkissen gut.«
»Nach der Schule arbeite ich mit dem Spaten auf den Feldern anderer Leute. So verbringe ich mein Leben. Wie sehr hätte ich mir gewünscht, zur Schule zu gehen. Dann hätte ich nicht so ein Leben gehabt.«
»Die Schule ist ein Ort des Humanismus.«
»Die Schule wird von einem Bombenanschlag erschüttert. Jetzt reicht's aber.«
»Europäische Kinder lernen. Afghanische Kinder fegen die Straßen.«
»Deutsche Kinder lernen an schönen Orten, auf grünen Plätzen. Afghanische Kinder leben in Zelten und lernen am Boden.«
»In Europa geht es den Schülern gut. Die Bevölkerung führt ein Leben ohne Krieg. Die Kinder gehen zur

Schule, ohne dass sich Selbstmordattentäter in die Luft sprengen. In einer friedlichen Umwelt gibt es genug Lehrmaterial. Da kann man in Frieden und mit guter Konzentration lernen.«

»Wie der Vogel wünsche ich mir zu fliegen.«

»Ich wünsche mir einen gelben Regenschirm für mich und meine Freunde.«

»Ich möchte seiltanzen.«

»Mein Vater ist Bauer. Mit Blasen an den Händen verdient er ehrlich sein Geld und ernährt uns.«

»Mit seiner Karre transportiert mein Vater Brennöl, wovon wir leben.«

»Die Nomaden leben in Zelten. Im Winter gehen sie dorthin, wo es warm ist. Im Sommer gehen sie dorthin, wo es kühl ist.«

»Wenn du stehst, reiche dem die Hand, der auf dem Boden liegt.«

»Habe Angst vor Dieben. In unserer Provinz ist keine Sicherheit. Morgens, wenn ich die Schule verlasse, habe ich Angst vor Entführung.«

»Die Jugend, das Land und die Häuser werden zerstört.«

»Die Schule ist ein Ort, an dem Wissen und Höflichkeit Sprache sind.«

»In Europa sind die Häuser weiß wie Schnee und man lebt sorglos. In Afghanistan sind die Zelte dunkel vor Kummer und Trauer.«

»Frieden kommt ins Land, wenn alle Schultore für Mädchen und Jungen geöffnet sind.«

»Ich bekam Fett und bin glücklich. Ich bekam eine Schultasche und bin froh.«

Sadia, 7 Jahre

Tabasum, 8 Jahre

Wadjia, 12 Jahre

Zeynab, 10 Jahre

Musal, 12 Jahre

Gulma, 12 Jahre

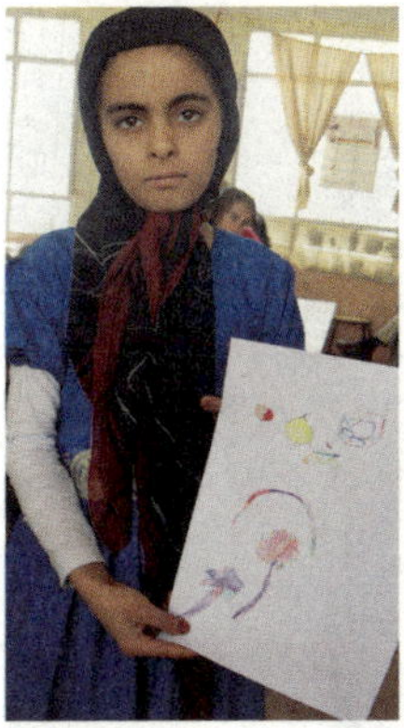

Feroza, 10 Jahre

Nazdana, 10 Jahre

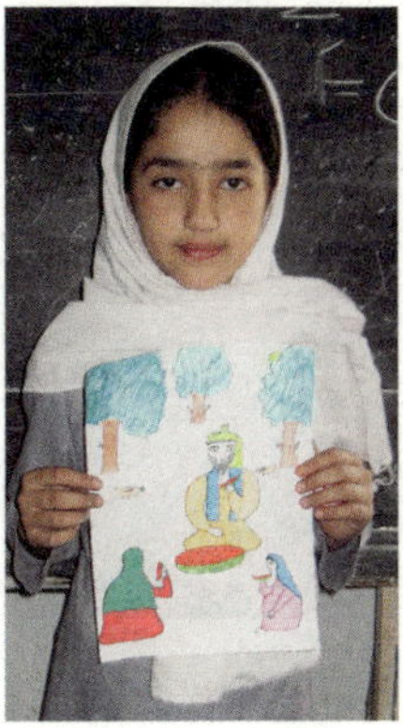

Faiza, 10 Jahre

Madja, 12 Jahre

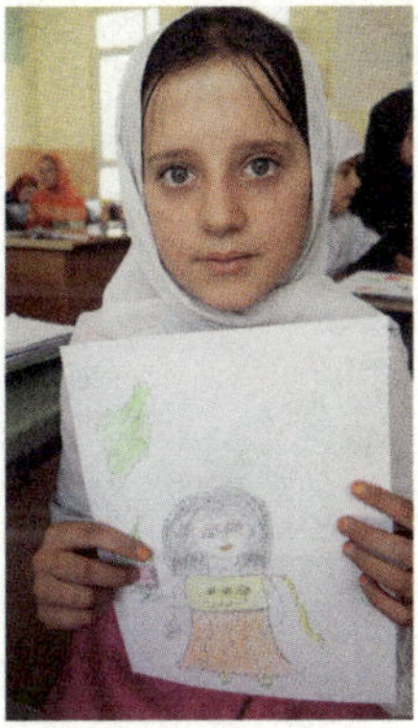

Donja, 11 Jahre

Zahra, 10 Jahre

Tuba, 11 Jahre

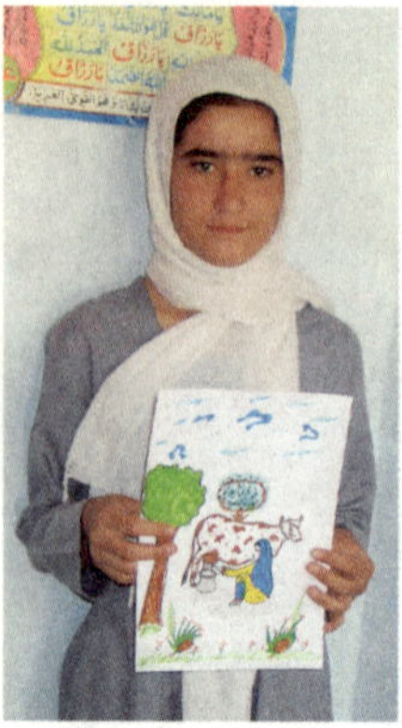

Nasira, 15 Jahre

Asma, 11 Jahre

Tamba, 12 Jahre

Basira, 13 Jahre

Lida, 8 Jahre

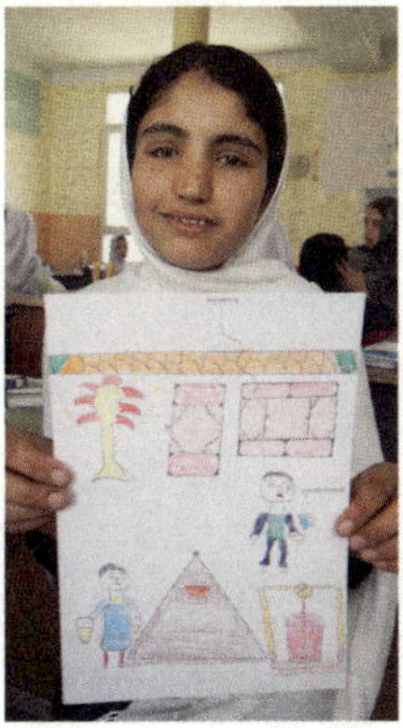

Minija, 12 Jahre

Hasiba, 11 Jahre

Raisa, 13 Jahre

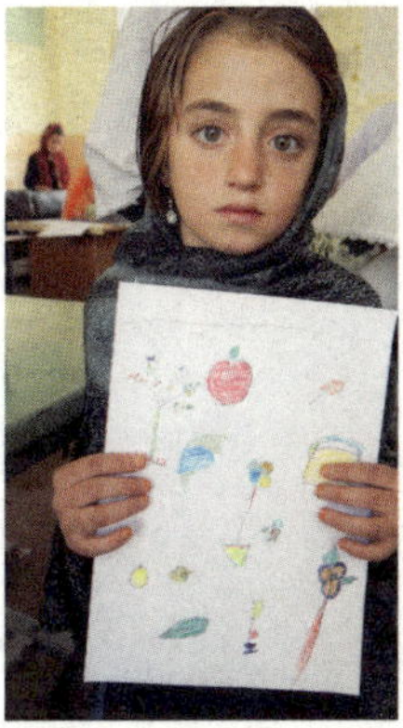

Schila, 10 Jahre

Sona, 12 Jahre

Marhaba, 11 Jahre